QUANSHIJEI ZUIGUI

DE

XIAOSHOU JIQIAO KE

全世界最贵的
销售技巧课

俞南／著

北京时代华文书局

图书在版编目（CIP）数据

全世界最贵的销售技巧课 / 俞南著. -- 北京：北京时代华文书局，2019.2
（2019.12重印）

ISBN 978-7-5699-2942-3

Ⅰ．①全… Ⅱ．①俞… Ⅲ．①销售－商业心理学 Ⅳ．①F713.55

中国版本图书馆 CIP 数据核字 (2019) 第 015728 号

全世界最贵的销售技巧课
QUAN SHIJIE ZUI GUI DE XIAOSHOU JIQIAO KE

著　　者 | 俞 南

出 版 人 | 王训海
选题策划 | 王　生
责任编辑 | 周连杰
封面设计 | 尚世视觉
责任印制 | 刘　银

出版发行 | 北京时代华文书局 http://www.bjsdsj.com.cn
　　　　　北京市东城区安定门外大街136号皇城国际大厦A座8楼
　　　　　邮编：100011　电话：010-64267955　64267677
印　　刷 | 三河市金泰源印务有限公司　电话：0316-3223899
　　　　　（如发现印装质量问题，请与印刷厂联系调换）
开　　本 | 889mm×1194mm　1/32　印　张 | 8　字　数 | 158千字
版　　次 | 2019 年 4 月第 1 版　印　次 | 2019 年 12 月第 2 次印刷
书　　号 | ISBN 978-7-5699-2942-3
定　　价 | 38.00元

读懂销售，你就能改变自己的一生

在这个世界上，人们对于销售似乎出现了两种截然不同的态度，有的人对其唯恐避之不及，但是还有人却感激它的存在，并且借助销售的力量改变了自己的人生。然而事实的真相是，销售并没有人们想象中的那么难，这个世界上没有卖不掉的产品，只有不会卖产品的人。假如你没有高人一等的天赋，那么读懂销售，你就能改变自己的一生。

我在大学校园里做过很多调查问卷，希望毕业之后从事销售行业的同学勉强超过10%，这实际上是一个值得深思的现象。很多年轻朋友对销售工作谈虎色变，原因其实无非来自以下两点：其一是受到社会风评之后信心降低；其二就是没有学会销售的方法与技巧。但是更为现实地说，销售是我们踏足社会之后最具潜力的职业之一，如果想要快速在社会立足，学习销售的技能和方法是必不可少的。

大家都知道乔·吉拉德的故事，他在35岁之前还是一个负债6万美元的穷光蛋，但是通过汽车销售，他不光偿清了所有欠款，同时还成为了世界级的著名推销员。同样的故事在我们身边也发生过，1990年，董明珠在格力公司迈出了自己销售生涯的第一步，进而成为了优秀的企业家。可以想象，如果吉拉德依然做着给客人擦皮鞋的工作，董明珠还是抱着自己行政类的工作不放手，那么他们的人生注定不会如今日般光彩。

两年前，我和初中一位同学相遇，我请她在一家西餐厅吃饭。这位同学曾经是我们班的班长，大学毕业之后她去了一家房地产公司做行政，后来换的工作也都是文员、助理之类的职能岗位。看得出来，她对于自己的现状是不满意的，每个月固定的工资，相似的生活，来来回回毫无新意。而且她聊天的内容也都"缺乏营养"，大都是家长里短的邻里生活，或者是些办公室的人情闲话。

临走前，这位同学突然对我说："我真佩服你们这些出去闯荡的，我都感觉自己已经和你搭不上话了。我觉得自己的世界好狭小，如果能重来，我或许应该和你一样去商场里闯荡闯荡。"

确实，从内心而言，我认为自己成长了太多。销售是一门历练人的行业，它会在不知不觉当中让我们获得成长，我获得了财富，也开阔了眼界，同时结交了很多朋友，这是其他很多工作都不具备的。

而且销售也并非像很多朋友所说的那样枯燥、可怕：如果我们深入分析，就会发现销售其实是一门充满可变性的综合学科，一名优秀的销售员不单单需要懂得礼仪举止，同时还需要学习不同情境之下的心理现象。同时，有关于从业道德、肢体语言的知识，我们也都必须有所涉猎。事实证明，仪容整洁得体的人容易赢得顾客信任，机灵巧变的人容易促成订单，因此从事销售行业数年之后，我们往往会发生向好的改变，这就是所谓的进步。

　　记得在我刚刚从事销售行业的时候，有一次我接待的女顾客突然对我说："你今天的状态很不好，虽然你的语言和语调都在向我表示欢迎，但是你的表情出卖了你。你们这样虚情假意的言语，是老板教的吗？"

　　我心中暗吃一惊，因为之前从来都没有人这样和我说过话。而就在我发怔的瞬间，这位大姐又发话了："其实我也是做这一行的，小伙子，你这业务水平不行啊！"

　　在同行面前，我自认为运用纯熟的销售技巧都不敢用了，甚至对方说什么我都不敢妄加驳斥，所以最后这位大姐以一个非常低的价格提走了货。很多年后，当我再回顾这次经历的时候都会哑然失笑：这位大姐或许真的是同行对手，她来买货只是为了"刺探机密"；她同样也可能是一位普通的顾客，搬出那样的话来只是为了威慑不谙世事的新手业务员，进而为自己争取到最大的利益。但是无论如何，商场是一个充满变数的地方，在这里我们每天都需要和他人斗智斗勇，很多新鲜、奇特的事情也都会在这里发生。

从最初帮人看店卖服装，到后来独当一面成为地区销售代表，我积累了很多经验，同时诸多前辈也教给了我很多方法与技巧。因此，向年长的前辈们帮助我那样，再将我多年来的经验感悟分享出去，就是我创作此书的初衷。从销售的一般心理到交易行为当中的肢体语言、从提问技巧到策略引导、从性格捕捉到心理暗示，可以说销售的渠道和方法是多种多样的，我也希望以更为全面的角度向各位读者展示销售的意义和乐趣。

最后，我也衷心祝愿每一位读者都能够从我的论述当中汲取到营养，成为一名爱销售、会销售的社会精英，成为中国的乔·吉拉德！

目　录

Section 03
肢体语言——怎样从微行为当中刺探到顾客的秘密

Section 04
性格侦查——摸准顾客特点才能把话"说到点上"

Section 05
销售提问——精明卖家主导交易方向的隐形推手

Section 06
策略引导——金牌销售员暗布"天罗地网"的绝招

Section 07
销售暗示——借助潜意识的力量拿下客户

Section 08
销售博弈——卖场之王见招拆招的超强手段

Section 09

客户关系——让生意经绵延不绝的复盘思维

销售心理

——成功销售者一定是优秀的心理学家

销售其实是一门运用心理学技巧来牵引人心的活动，顾客为什么会有消费渴望、推销者如何说才能获取更多的信任、哪些话语出口之后会将自己置于不利的境地，如此等等。在商海摸爬滚打多年，我非常清楚心理博弈在商业行为当中所具有的不可动摇的地位，无论是西方社会标榜的"契约精神"，还是古老东方商人提倡的"忠信为本"，在这些经商理念的背后其实都隐藏着深刻的商业心理。又或者说，以上种种，其实都是商业人士对外界做出的一种心理攻势，那就是"与其他人比我们是更可靠的"。

从另一个方面来说，人类步入互联网时代之后，商品交易行为更加频繁，消费者可选择的范围也更加广阔，因此单纯讲究"做好货"、"热诚服务"已经难以在竞争当中站稳脚跟，我们更需要的是从宏观角度探寻消费者内心的秘密。正所谓知己知彼百战不殆，当做到来人不开口，已知三两分的时候，任何销售策略都将是无往不利的。

1. 销售专家恶补心理学的秘密

在闯荡社会之初我换过很多工作，有的时候一份工作只做几天就离开了，当然这样做事是挣不到钱的。这样的日子一直持续了两年多，我逐渐开始意识到经济实力对于一个人而言的重要性，于是开始尝试着从事销售工作。

我知道人们对销售持两种不同的看法，有的人对销售谈虎色变，而另一些人则认为销售是一个非常简单且充满诱惑的存在。对于以上两种看法，我的立场也是很明显的，我认为我们不应当将销售看作一件"可怕的工作"，而是需要找到其内在的规律。在这里，心理学的学习其实就是非常不错的选择。

我的第一份销售工作是在一家服装店里做导购，店里还有一位业务员，我管她叫陈姐。同在一家店里工作，我发现自己干的很多，但是效果却非常差，而陈姐每天上班都很悠闲，但却能把业绩做到我的两到三倍。

为此我找过陈姐向对方讨教过很多次，但是无一例外，每次还没等我开口，她就把话题岔开了。一直到后来陈姐去了其他公司，她才对我说了一番意味深长的话语："卖货一方面靠诚信，另一方面还得看人，为什么说'得看人'呢？你如果对一位还没拿定主意的客人极力推销，或者是人家只是进来看看你就缠着不放，那么你做得越多对方的反感程度就会越大。就像是你一直想向我请教怎么卖货，你说咱俩同在一家店工作，我把这些东西告诉给你了我是不是挣得就少了？"

我后来仔细思索过这番话的意味，发现它其中含有非常深刻的内涵。"看人"其实就是看透一个人的内心所想，知道对方到底需要什么，然后才能以此为突破口进行销售。

世界上一流的推销员，其实都是心理学领域的高手——他们或者不愿意面对这一事实，或者真的不知道自己在心理学方面的高深造诣。但无论如何，这些人就是一些老练的"心理控场专家"。很多人认为乔·吉拉德成功的原因在于他的勤奋和执着，但这并不是一位伟大销售者的全部。在漫长的销售过程中，乔·吉拉德所做的一切其实都与客户心理有关，无论是寄送名片，还是为客人建立体系档案。

实际上，心理学在销售过程中有极高的使用率，很多销售员们不愿意面对这一点是因为他们需要在公众面前保持"诚实可信"的形象——因为心理战术在人们的社会观念当中，往往是会被视作"心机过深"的。

不过，某一理论的借鉴或使用，并不会随着人们的主观意图而发生改变。在销售领域，卖方通过各类途径探查买主心理，然后按照对方的心理状况制定出自己的销售政策，这一点是极为常见的。而对于这一点做得越好的人，越是有可能成为业内的精英。

当前，很多商贸公司都已经将心理学研究作为职员培训的基础性课程，每一位销售员都需要知道哪些话是自己应该说的，而哪些话能够刺激起潜在客户的购买欲。值得强调的是，心理学知识的研究其实是一个多向的过程，它的意义不仅仅局限于指导我们如何叩开客户的心扉，同时还能够有效地帮助每一位销售员认清自我的心理状态，并且做好自我调整的工作。因为有很多年轻人认为销售是一门苦差事，长久从事此类活动会使得自己在精神和心理层面受到影响。在此，了解心理学知识做好自身调节就成了一件极具现实意义的事情。

事实证明，一流的销售精英不会让自己的产品滞销，他们能够最大限度地窥破市场心理，然后在"知己知彼"的情况之下制定自身销售策略。所以说销售就像是治病，对症下药才能药到病除，世界各地的销售大师都是心理谋局的高手，这一点是毋庸置疑的。

2. 从顾客进门前开始推算

一般认为，销售员通过聊天、衣着，甚至是肢体语言来了解顾客心理，双方接触的开始也就是心理博弈的起点。这种观点从一定程度上是正确的，但是如果以更为严格的角度来看，又是值得商榷的，因为真正的销售者会提前"备战"。比如一名门店导购，他实际上从顾客进之前就应当开始心理测量了。

炎热的夏天是啤酒与烤肉的盛会，我也喜欢和朋友一起去烧烤摊喝点啤酒，其中公司楼下的一家露天烧烤摊就是我们经常光顾的地方。

在公司楼下一共有5家烧烤摊，但是火爆程度是明显不同的。我们知道，餐饮行业一方面是卖回头客，另一方面其实就是"招呼人"，用更通俗一点的话语来说，这就是"拉客"。我发现，整个楼下的烧烤摊里，排在第二位的那个摊位上客最多，这其中最重要的一点就是摊主会"拉客"。

与其他人相比，这位摊主的"拉客"总是恰到好处：他会在来来往往的人群当中一眼就分辨出谁是路人，谁是潜在的客户。这一点是非常厉害的，因为当5个摊位同时招揽客人的时候，稍不留神就容易把到手的"生意"拱手让人了。而且，烧烤生意都是哪家人多顾客就去哪家，所以越能拉客的摊位，生意就越是火爆。

有一次，在不忙的时候我请这位摊主坐下来一起喝几杯，由于是老顾客，所以他也没有什么顾虑，直接就将自己招呼客人的套路说了出来。

他说道："做生意，最主要的是你需要知道哪些是自己的客人，他们心里在想什么。而且这个过程不能说等到客人坐好了以后你才开始研究人家的想法，你必须要在客人还在犹豫'吃不吃''上哪家吃'的时候就已经摸清楚他们的心理状况，然后快速把他们招呼到自己的店里来。"

摊主朋友的观点其实和我们平时做买卖也是一样的，一位真正用心的销售员会在顾客进门之前就开始观察对方的神态、举止，大致做出一定的评估。等真正开始引导销售的时候，这些提前做好的准备工作都能够派上用场。

比如说在门店销售里，一位顾客在门外犹豫了片刻，然后轻轻地走了进来。这样的客人我给他们的评分是"85"分——一个极具潜力的分值阶段。

这样说的理由是，性格犹豫的顾客在内心当中往往容易走极端，他们要么买要么怎么也不会买，他们在性格上更为敏感，担心吃亏但又希望自己做主。所以假如遇到这样的顾客，交易达成的可能性是很大的。

当然，"犹豫"的行为或许还会由其他一些因素决定，比如时间不充足、只是恰巧路过等等。但是无论如何，顾客进门之前就对其进行心理推算，这一点是非常必要的。

一位优秀的销售员，是不会在工作期间只是埋头玩自己手机的，他会关注街边巷尾的每一位行人，并且依据自身判断来评估对方的购买欲望以及消费能力等等。通过神色举止，我们可以大致勾勒出一位顾客到底是"进来看看"，还是"真心购买"。就像是一位业内的前辈说过的那样："真正的销售不是从谈判之后才开始的，你需要在还没有接触到对方之前就进行观察和评估，如此才能拥有更多的胜算。一个人的内心由自己不经意的神色、走路姿势等暴露出来，这一点是值得所有销售员注意的。"

3. 他是在为质量担忧，还是在为价格烦恼

每一次交易都是买卖双方的互相博弈，因此在销售者极力推动交易达成的同时，顾客也会使用各类方法干扰销售者，并希望以一个更小的代价带走商货。所以说，一次潜在交易是否能够顺利达成，对于销售者而言有一点是必须要弄清楚的，那就是踟蹰不决的客人到底是在为质量担忧，还是在因为价格过高而烦恼——他口中的"太贵了"，到底是真情的流露还是虚伪的表达？

其实在面对类似问题的时候，销售者不应当只站到自己的角度来思考，而是说如果进行换位思考之后，很多疑难问题就都能够迎刃而解了。

我在灯具城认识一位朋友，他在处理这一方面很有心得。他曾经这样对我说："你需要从很多角度来观察这位客人，同时也要从人家嘴里套话。在大概摸清了顾客自身的经济实力之后，他们内心的想法也就出来了。"

2009年5月份的一天，晚上快七点钟的时候来了一对顾客。这两人是夫妻，都不到三十岁的样子。当时把这两人招呼到店里之后，朋友就和他们聊了起来，看得出来，女士的话语很少，只有那位先生在不时地搭话。

朋友故意说："你们应该早点来的，上午这里刚卖出去几件货，比你们现在挑的这几样好多了。"

这时那位男士回话说："早点没时间啊，一路上都怕这里下班，紧赶慢赶才到的。"

说完这几句之后，大家又随便聊了几句，之后就到了谈论价格的时候了。当朋友把总价算出之后，丈夫先开口了，表示东西太贵，根本不值这个价格；而他的妻子则说自己是"懂行"的，这几件货在质量上不行，要上其他地方看看。

一个说货质量不好，另一个说价格太贵，那么到底哪一个观点才是他们的"真实想法"呢？其实对于这个话题，朋友早就是心中有数了，他没有做更多的纠缠，爽快地给了一个更低的报价，最终推动了交易的达成。

后来我们聊天的时候，他告诉我说："大多数情况下，价格都是一位顾客更愿意关注的地方，他们说质量不好，只是希望卖家能够给自己更多的优惠。如果真的不想买，他们根本不会'注意'到质量层次的某些细节，更透彻一点地说，这本来就是一个吹毛求疵的过程。"

当然，以上观点也是可以再进一步补充的，那就是假如我们遇到了真正忧心质量的客人，那么他们会仔细比较同类商品的情况，或者进一步问销售员"是否还有其他款式"之类的话语。

而且，一名优秀的销售员能够通过看起来毫不经意的信息来为自己的观点做出佐证。比如我的那位朋友就很好地利用了这一点，他在和对方聊天的时候，掌握到了几个非常关键的信息：对方的经济条件一般，如果是上班族，那么也大约是初级职位的。这样考虑的理由就是，如果来人经济条件较好，那么他们会在卖家说"上午有更好货"的时候很自然地接过话茬，并且询问好货的剩余情况。而且，一直到临下班才赶到商场，这一般都是非销售类上班族的特征，一方面我们可以说这类顾客上班自由度较低；另一方面则可以推定，他们的工资是不含或者很少有提成绩效的，因此经济方面缺乏爆发力。

关于顾客到底是在"挑价格"还是"挑质量"，这其中的区别还是比较明显的。在交易行为中，以"质量问题"为托辞的现象屡见不鲜，真正要求"高品质"的顾客，我们是可以通过其言行举止得出判断结果的。

4. 说"随便看看"的顾客是出于什么心态

与客人接触的时候我们经常会遇到这样一种现象，那就是客人在进店之后一言不发，当被问起"有什么需要"的时候，他们又会生冷地回答一句"我随便看看"。那么，这样说话的顾客到底是出于何种心态呢，如果任由他们"随便看看"，那么是否就会意味着一次交易的白白流失？

其实对于这样一种现象，我自己是深有体会的。在金店做销售员的时候我就遇到过很多类似这样的人，他们在进店之后只是到处看，当被问到想给谁买饰品时，他们或者扭头就走，或者冷冰冰地回答说"随便看看"。

和其他客人相比，这一类顾客的戒备心理是非常深的，同时性格上的犹豫、自尊往往也很明显。显然，面对这些"疑心较多"的顾客，如果销售者进行"冷处理"，结果可能会更糟。

上面说过，拒绝销售员的推荐或搭话，这类顾客的心中往往是存在较大防范心理的。或许从实际经历上来说，这些人或许并不见得都"吃过亏"或者被某些不良商贩欺骗过，他们之所以这样做，一方面出于心理方面的紧张，另一方面或许也是由于个人性格所决定的。但是无论出于何种理由，这类顾客担心吃亏、不想受到导购员影响的心理还是非常明显的。与此同时，还有一点我们需要重点提及的是，面对这类顾客，如果完全放任自流，那么他们很可能又会感到自身没有受到尊重，因此如何做好这类人群的服务就成了一个非常棘手的问题。

一种比较好的处理办法，就是"正确使用赞美"，用一种更为亲切的方式来化解对方的戒备心理。较为通用的步骤大体如下：

（1）远离顾客

销售者应当尊重顾客的要求，为对方留出自由观摩的空间。这一时刻需要掌握好的是，销售者需要时不时地出现在顾客视线之内，因为这类人群从一定程度上来说是矜持的，他们不愿意在公众场合大喊大叫。

（2）保持关注

在远离顾客的同时，销售者还需要时不时地关注对方的行径。他们到底是真的在随便逛逛，还是在某一类商品面前辗转流连？以上两种不同的态度，实际上能够很大程度上展现出这位客人的真实想法。

（3）进行赞美

三到五分钟之后，根据情况选择是否进行赞美。一般会出现以下状况，一种是顾客真的没有发现到自己想要的商品于是离开；另一种则是他们依然在某一件商货前面不断考量比较。于是对于第二类顾客，我们就可以进入实际的赞美环节了。

比如说，对方总是喜欢翻看牛仔裤，那么销售员就可以上前说："这个颜色不错，配上你现在穿的高跟鞋一定会很好看的。"

需要明确的是，有关赞美一定要贴近事实，虚假的奉承或刻意的讨好只会拉低自己在顾客心目当中的形象，甚至还会起到完全相反的结果。而且，优秀销售员的赞美也不一定都是围绕售卖本身的，他们会通过关心对方的家庭、称赞对方的学识品位等方面。形象是每一位顾客都非常在意的问题，褒扬一个人的形象时不一定非要从"漂亮"或"帅气"方面入手，皮肤好、个子高、气质佳等都是可以使用的。

总之，进店之后喜欢说"随便看看"的顾客，往往在生活之中具有较强的戒备心理，他们不喜欢在陌生的环境之中过早展露自己的情感或意图，所以在引导销售之初给予他们一定的自由时间是非常必要的。当经过了几分钟的冷静与磨合之后，销售员再运用不露声色的赞美艺术来击溃顾客的心灵防线，就是一个较为稳妥的处理方式了。

5. 说"上别处看看"客人的心理分析

　　卖场之上有这样一句话：最好的交易就是现在，当场签约才是更好的选择。事实上也确实如此，我在工作之处就深切体会过被人"放鸽子"的苦楚，最惨的一个月，告诉我说"过几天再来"或者"发了工资就来买"的客人一个都没来，而这些人有二三十位。当然对于这些失败的交易，我们不应当将责任全都推到顾客身上，而他们口中的"上别处看看"也是值得进行深度解读的。

　　一般说"上别处看看"的顾客，必然是在本次求购过程中遇到了某些不合意的点，或者是商品价格，或者是产品质量，又或者服务态度，等等。因为这些因素，他们希望再到其他地方看看，希望能够得到一个更好的答案——而一旦离开，他们再回来的概率也就非常小了。

　　当然除了"不如意"之外，还有一种可能就是他们主观地认为，其他商家还会有物美价廉的"优等货"在等着。所以有一种类似于猎奇的心理在指引着他们继续前行。

而在以上两种情况之外还有一则是人们较少注意到的，那就是这其实是顾客逼迫商家做出让步的惯用手段。一些精明的客人也是喜欢吊销售员"胃口"的：他们会在洽谈的时候表现出强烈的交易倾向，而就当推销员认为自己马上就能"做成一单"的时候，这类客人又表达出"再看看"的意思。其实这就是他们在对销售者进行暗示与施压——如果对方不在生意当中进行让步，他们就会放弃本次交易。

以上种种现象，其实都可以通过技巧来化解的。比如在金店里工作的时候，我就遇到过这样一位客人，我和他聊了大概有七八分钟，两人看起来也比较投缘，但是他似乎依然不能拿定主意，只是对我说："你介绍的这几款都不错，我先出去办点事，一会儿回来再说。"

根据自己的直觉，我马上猜测这只不过是一种托辞，于是立刻对这位先生说："大哥您不知道，我们店里现在还在做活动，有一款项链买金送银。"

那位先生嘴里说着不用了，但是却没有果断离开，于是我一边找搞活动的那个牌子，一边继续说："这款项链质量好价格低，今天卖了30多件，现在金价一直在涨，好几位老客一直想买，但是都被限购了呢！而且买一条金链还送您一条等重的银链，这个优惠力度还是很不错的。"最终，这笔生意达成了，而成功买到促销产品，那位先生也是比较满意的。

现在回想起来，或许是自己吃了太多"上别处看看"的亏，因此有了一定的警觉意识，才让眼看成交的生意没有泡汤。对于上面这位先生来说，他开口"上别处看看"或者"先去办点事"，其实中间就包含着强烈的暗示意味。所以我马上用一款活动产品稳住了对方，并且促成了交易的达成。

总体而言，顾客说"上别处看看"的时候，或者是对商品本身不太满意，或者是想要对店家进行施压。无论出于何种原因，这样的消息对于店家来说都是不利的，因为事实证明当时没有达成的交易，过后经过二次协商达成的概率是非常低的。比较好的做法是为他们"换个货"，用更为新奇的商品来刺激对方的购买欲望。说到底，这些声称"到别处看看"的人去了别的商家，不也是去看"新商品"吗？

6. 顾客能够接受的预算上限是多少

在洽谈的过程中，有一张底牌是必须要估算出来的，那就是顾客对于本次交易能够开出的最高价码。

2015年的时候，我做过一个实验，具体操作流程大致如下：

我让助手举着摄像机，然后蹲守在一家品牌服装店的门口。等到顾客出来之后，我就会对其进行访问。结果我发现，那些表示本次购买"超支"的人，最大限度大概达到了原预算的1.5倍。也就是说，假如有人计划花100元买一件衬衣，那么他最高能接受的衬衣售价就是150元。

为了对调查结果进行充分验证，我又进行了第二个调查实验。这一次，我对街上不同年龄段的人群都做了随机访问，问卷的内容是"假如你和其他顾客同时看中了一台1000元的家电，那么你最多愿意出多少钱来竞价它"。

这个问题设置得有点费解，大多数人都会反问："我为什么不换个地方购买呢？"因此对这个话题，我不得不做了大量的工作。但是辛苦的工作背后，我同时也搜集到了不少有效信息。在近一千份样本当中，30到40岁之间中年人的竞价上限是最高的，他们大都愿意给出1.5倍左右价码来争取自己想要的东西；同时年轻人或老年人在这方面的兴趣不大，这很显然是与性格心理以及经济实力有关的。

在以上两个实验之后，我又联系了多家与自己有过合作的企业，向它们的营销部门主管做请教。幸运的是，这些人给出的答案与我心中所想也是相近的，那就是这些长期在销售行业摸爬滚打的老手，他们也认为顾客如果对某一件商品是中意的，那么他们往往会花费比预算更高的价码来获取该产品，实际花费最高可达原定预算的1.5倍。

可以说，在经过了一系列的选样调查之后，我们可以暂时得出这样一个结论了，那就是顾客在实际购买过程中，可能会花费原定预算1.5倍的金钱。当然根据个体所处情况的不同，相关的超支也会发生幅度变化，但是1.5的比例系数是基本正确的。

在了解了这一标准之后，各位销售人员内心之中也就有了一杆秤。在向客人推荐产品时，销售者可以通过询问"您想要一个什么价位的货"来评估对方的预算情况。比如说某一位客人说自己想要买一件价格500元左右的皮鞋，那么销售者给对方提供的推荐范围最好就是450~750元。

当然，为顾客推荐产品时，价格浮动的空间是存在一定弹性的。这里需要更加注意的一点就是，销售员推荐的产品价格不宜低于顾客要求太多，因为这样做会令对方产生"被瞧不起"的感觉。如此一来，交易双方的抵触情绪也就悄然而生了。

7. 什么话说出之后对方将寸步不让

商场如战场，任何时候被对方看破内心底线都是非常要命的。在销售过程中，有一些看起来毫不经意、但实际上却容易暴露自身底牌的话语，同样也是需要我们格外留意的。

2014年，我陪一位商界的朋友去郑州，他要在那里和一位药厂老板洽谈生意方面的事情。下了高铁站之后，对面公司的接待人员将我们接送到就近的一家宾馆休息，并且安排好了晚上会面的时间。

到了下午，对面公司的总经理就带着几位副总来了宾馆，一番寒暄之后，大家来到一家酒店，为我们几人接风。觥筹交错之间，两位老总都将生意上的事情谈得七七八八了。我注意到，两人去了趟洗手间，于是心里明白这大概是最核心的环节了。果然，从洗手间里回来之后，双方再没有提任何生意上的事情。

但是，等回到宾馆之后，我才从那位朋友口中得到了"生意还要再谈"的消息。问他原因，这位朋友只是告诉我说："这一次我给他们开的价高了，我想再压压价。在洗手间里，他一直让我'多少再添点'，这说明我的第一口价没报好，吃亏了。"

对于这一种判断，我是比较认可的。因为无论是卖方还是买方，他们说出这句话的时候，就已经表示，对方给出的价码是达到预期了。因为从心理层面分析，假如卖方在自己心中定下的预期价码是100元，那么他是不会在买主出价100元之下的时候说"多少再添点"，因为稍许加价之后，卖方几乎是无利可图的；而换一种情况，假如卖家最低想要卖出100元，而买主报价105元，那么他已经得到了客观的利润，于是在贪念的怂恿之下，抱着多给一分钱都行的态度说出"多少添点"的话语也就是可想而知的了。

所以说，在销售过程中，无论是对于买方还是卖主，"多少再添点"或者"再添点"这样的话语都是需要忌讳的。对于部分老练的商业人士来说，它几乎就等于告诉对方："你给的价格我已经很满意了，我很乐意与你合作。"

这句话一旦出口，对方就能够很清晰地看到，刚刚的报价已经达到了你的心理底线，他们或者会撤回之前的报价，或者会坚持此价位绝不再加一分，因此这一句看起来毫不起眼的话语其实也是非常糟糕的。

撇开商业会谈，我们在单件商品的销售时也是如此。假如某位鞋店老板说"多少再加点吧"，那么这就意味着之前的报价已经是能够买下这双鞋了；如果服装店店员说"再添点你拿走"，那么这其实也就是在说刚刚的价格已经能够促成交易了。反过来说，作为销售者，我们也应当时刻克制住自己内在的想法，像"再添点吧"这样的话语毫无疑问是会将自己置于一个被动境地的。

8. 每位顾客都会有的"固定思维"

思维定式是每个人都难以避免的，想要劝说一名早已在观念上"有所主见"的人是一件极具挑战的事情。比如说有一位客人主观地认为深色的牛仔裤更耐穿，那么我们努力想要说服他放弃这一想法也是非常困难的。

我记得自己很小的时候，县城有两个卖牛肉的大叔。其中一位大叔的生意非常好，另一家只能说是普普通通，而我母亲每次去买牛肉的时候也都是去生意好的那家。正是由于这一习惯，还间接地导致了一件令我记忆犹新的事情。

那年我大概上小学三四年级，眼睛里突然长了一个小白疙瘩，母亲于是带着我去城里的医院做检查。从医院出来之后，母亲说得给我做点好吃的补补，于是就要去买牛肉。但是到了她常去的那家师傅那里一看，排了十几位客人。为此我们错过了回家的班车，只好给城里的小姨打电话，在她家里住了一晚。

没有搭上末班车，于我而言其实是一件好事，因为小姨告诉我们说，牛肉是发物，而我的眼睛里长的白疙瘩是要忌口的。所以说母亲坚持不去那家生意一般的牛肉店而错过了末班车，其实也是一件好事。

对于两家牛肉的品质差异，其实我也质疑过，但是母亲斩钉截铁地说："生意好的那家人是内蒙古来的，他家的肉好吃！"

实际上，这位从内蒙古来的大叔早已经在我们那里定居了，他已经好多年没有回过内蒙，更没有从那里买牛了。因此按照一般推算，两位大叔卖的都是一样的本地生牛肉，从质地上来说理应是没有区别的。但是，对于这样一个结论，却很少有人去验证与质疑，大家只是觉得那位内蒙大叔是天生养牛的，所以他卖的牛肉就比别人家香。这样一种固定思维，在很多消费者身上是极为常见的。当然我所指的"固定思维"，并不单纯喻指顾客对某件产品在质量方面的主观偏见，在商业行为的多个角落，类似这样的心理状态都是存在的。

对上述观点，有以下几点需要探讨：

（1）客户优越感

有关"客户优越感"，从社会关系方面而言，这是与我们提倡的人人平等相悖的。但从社会现实来说这却是真实存在的：客人付出了经济代价，服务者获取了劳动利益。因此在潜在的心理预期上，这就造成了"顾客即上帝"的非对等现象。作为金钱的牺牲方，顾客在心理预期上往往是存在优越感的，因此在与客户交往的过程中，照顾下对方的虚荣心理是理所应当的。

（2）女士优先

研究报告认为，在推销过程中，女推销员受到信任的可能性更高，所以这就给予了销售管理者一个启示，那就是在一线职员的选配上，增多女性工作人员的比例是非常必要的。

（3）年龄

顾客往往还会先入为主地将"年龄"视为销售员个人能力的重要指标。我做过一个问卷，发现顾客更喜欢和看上去成熟、稳重的推销员打交道，并且认为这样的人是更加可信的。其实这一点也是可以理解的，我们做任何生意，都希望和一些"说了算"的老手谈，而长着娃娃脸、胸前印着卡通图案的年轻人，往往会被视作靠不住、拍不了板的。

其实，针对不同的顾客，他们的主观"偏见"也是各有不同的，或者说这本来就是人类本身无可避免的"共性"。作为销售者，我们不能一成不变地去推测对方的心理状态，而是根据不同的外在环境来捕获顾客的固有思维。比如说，一位年轻的销售者就应当对来自顾客的轻视做好心理准备；而作为销售管理者，要求每一位一线工作人员主动对顾客打招呼也是必不可少的。

形象价值

——成熟买卖人秘而不宣的"伪装术"

　　人与人在沟通的过程中，彼此会形成一定的影响力和信任度。这主要来源于三个方面：语言、语调和形象。

　　有研究指出，上述三项在整体印象中所占的比例分别是7%、38%和55%。可见，形象是形成整体印象的重要因素。保持良好的自我形象，不仅是对自身气质的提升，还是对他人的一种尊重。

　　广义上来说，个人形象是留给他人的综合感觉。这不同于第一印象的短暂性，而是随着时间和交流的深入，逐步丰富起来的价值判断。狭义上来看，个人形象就是一种个人在他人眼中的视觉图像，包括动态和静态。

　　在营销领域，我们多关注企业形象建设，以期为企业塑造良好的商业形象，促进企业的运营发展。企业的形象相当重要，它是企业能否在竞争激烈的市场环境中支撑下去的"招牌门面"，这是针对企业而言。与此同时，我更关注个人形象。企业形象决定了你在企业这个环境中能否顺利工作。而个人形象的提升却能够助你在任何企业都能够一帆风顺。

1. 价值百万的个人形象

有人说，个人形象是我们出入社会的硬性通行证。或许你没有帅气或是漂亮的外表，但是你可以塑造自身的整体形象。对于职场中人来说，形象就是事业的代表。

心理学家研究发现，人与人之间第一印象的产生往往只需要几秒钟。也就是说，在很多时候，我们的命运轨迹仅仅取决于这短暂的几秒钟。

至于，个人形象价值百万的说法是否合理，我们通过一则案例，便可有所认知：

日本松下集团原本只是一个名不见经传的企业，其创始人松下幸之助之前是一个不修边幅的人。有一天，松下幸之助来到理发店理发，理发师知道他的身份，看了看他，却毫不客气地说："松下先生，您作为企业的代表人，却如此不注重衣冠修饰，人已经是如此邋遢，企业又能好到哪里去呢？"

松下幸之助听后陷入了沉思，他思考着理发师的话，开始重新审视自己。并且决定，从改变自己的仪态仪表开始，对企业也进行了一番彻底的结构改造和管理完善。自此之后，公司业绩迅速上涨，生意开始兴旺起来。松下的产品也开始享誉天下，员工追随松下幸之助的率先垂范，形成了礼遇待人的企业文化。

这是以个人形象，影响企业形象的典型。相反，若是不注重个人形象，企业的整体形象或许就会被连累拉低。

有一次，我作为一个项目的销售主管，在一家知名酒店宴请客户。我带着客户来到酒店大厅，接待我们的是一位长相清丽的女士，她的招待工作做的非常周全，看起来工作经验非常熟练。但是她看上去面色暗淡，给人一种无精打采的感觉。原来这位招待人员是素颜上班，基本的工作淡妆都没有化，在酒店昏黄的灯光下，呈现出了一脸病态，顿时就使得我的心情附上了一层阴霾。

入座之后，开始上菜，我发现有一位上菜的服务员头发凌乱，我顿时就想到，她的头发会不会散落在我们的菜里？但是为了不扫在座人的兴致，我还是忍住没有说出来。

等到付账的时候，我来到前台，却发现收银员正伏在桌上睡觉，我敲了敲桌子示意付钱，他极不情愿地起身，懒散地办着付款手续，还时不时地捂嘴打哈欠。

这次酒店经历令我十分反感，虽然酒店非常知名，菜品环境都很不错，但我却再也没有光顾过那家酒店。

由此，我们可以得出，个人形象的塑造不仅关系到自身的命运前程，还能够影响到公司的整体形象。所以对于一个连个人形象都不负责任的人来说，企业是绝对不会欢迎的。

2. 我为什么借钱也要买西装

我们对一个人的第一印象，就是此人的着装打扮。初次见面，我们第一眼注意到的往往是对方的着装，服装是一种流于无形的交流方式。在着装上，我们大致能够判断出彼此的背景信息。针对第一印象，美国曾做过一项调查，发现76%的人会根据对方的外表去进行印象判定，60%会通过服装来判断对方的社会地位。

美国著名形象设计师乔恩表示，一个人的着装，往往能够影响到外界对其所持有的态度。由此可见，服装在视觉效应中占据了举足轻重的作用。

商海中存在诸多商务礼仪，要约洽谈、合同签订，都需要一定的会面流程，一身西装，能够显示出正式和重视的态度。特别是在销售行业，西装更是必不可少的形象体现。

我们都用"西装革履"来形容一个人步入社会，开始了自己的职业生涯。其实不仅是入职之后，即便是入职之前，西装也是一个销售人员的刚需。

记得公司举行过一次招聘会，我至今记忆犹新。虽然招聘会是人事部门负责，但是因为招聘岗位大部分是销售职位，所以也会安排一两个销售部人员旁听，协助招聘，了解情况。

我当时也作为一名面试官坐在了面试席上，前来应聘的大部分是应届毕业生，其中有两位面试者给我留下了深刻的印象，并且都进入了复试。

第一位看起来非常健谈，这也是作为一个销售人员所应有的特点。他总能带给人一种活泼、阳光的感觉，在我看来，他一定可以胜任这份工作，成为一名合格的销售人员。另一位看上去却沉稳很多，但是他很有想法，对一些事情的见解也很独到，很有销售头脑。

总的来说，我对第一位的满意程度大一些。面试的最终结果出来了，被录取的却是第二个人。我有些不明白，便去问了问原因。

原来，决定最终结果的是一身衣服——第二位应聘者穿了西装，第一位却没有。

一开始我想不通，单凭一件西装，就判定了面试结果，会不会太草率了？后来，我仔细想了想，我发现现在每天上班，不管是忙业务，还是见客户，我都会穿着西装。

销售，似乎是一个靠聊天交流来胜任的工作，这看起来非常随意，却有着礼仪中的严肃原则。穿着西装是一种尊重和自我尊重，它能向他人传递"我很重视"的态度。如果你连面试都不重视，又如何让我相信，你日后会重视自己的工作呢？

当然，一套体面得体的西装往往价格不菲，但对于销售人员来说，则是必备品。并且至少要为自己准备两套西装，以便随时换洗。

我曾经去一家合作公司谈业务，进入办公室之后，一位大学生模样的男孩子进来给我们倒茶水，我观察了下他，穿着普通的西装，衣服上还有一些吃饭留下的油渍，估计没有换洗的西装，又舍不得去干洗店去消费。如果他还不懂得改变自己形象的话，似乎还需要倒几个月的茶水。

在工作场合穿着西装，是个人形象价值的体现。形象投资是实现个人价值的入门课程，倘若对其不重视，那么之后的销售成就也就无从谈起。我的看法和建议是：借钱也要买西装。总有一天，你会感谢自己的这项投资。

3. 隐藏在香水和手表里的秘密

在前面的文章中，我提到了商务礼仪。商务礼仪的范围除了商务场合待人接物的相关原则，还体现在着装、配饰之上。现如今，香水也成为了礼仪的一部分。

对于女士来说，香水与妆容一样，已经成为了日常和职场的必备要素。这种现象较为常见，不仅是销售领域，各个领域都会有所涉及。很多情况下，女士会根据场合的不同来选用不同的香水，比如工作用淡香，宴会用浓香。这些对女士来说是比较好掌握的，但对男士来说就有些困难了。所以，下面重点讲述香水对男士形象价值的影响。

商务男士使用香水，一直以来是欧美人士的习惯。他们把香水看作一种格调，认为这是一项如同穿着一般值得推敲的内容。在如今的商务场合，男士身上所散发的味道越发受到关注。如果一位男士穿着非常精致，看上去优雅绅士，但近距离接触，却存在一些奇怪的味道，这一定会使我们对他的印象大打折扣。

相信很多人只是把男士使用香水看成遮掩体味的工具，但在我看来，这是一种尊重他人的表现，尤其是在商务场合。女士对香水的要求较高，但对于男士而言，恐怕要更为严格。

对于男士应当如何使用香水，我有以下几点建议：

（1）宁淡毋浓

男士对香水的使用与女士是不同的，绝不可以香味过于浓烈，否则就会惹上"脂粉气太浓"的俗气。

（2）选择中高档

作为商务礼仪的一部分，男士香水的使用要求较高。在此，我推荐几款男士香水：大卫杜夫冷水男士香水、香奈儿蔚蓝男士淡香水、迪奥旷野男士淡香水、宝格丽碧蓝男士淡香水、古驰罪爱男士淡香水。

这几款香水在100元至600元，含量在30~50毫升，是较为上档次的男士香水。其中迪奥旷野男士淡香水呈现出手柑和木香格调，契合男士阳刚自信的气质，适合所有都市男士，是商务男士的不二之选。

（3）注意喷涂部位

注意不要把香水涂抹在易出汗的部位。很多人不赞同男士使用香水，就是因为香水与汗液的混合会产生非常奇怪的味道。香水喷雾是一个不错的选择。

（4）分场合使用

虽然香水已经步入了商务礼仪的范围，但是这毕竟源于欧美人士的审美标准。于中国而言，尚未完全盛行。

所以，在一些较为传统的商务环境，与国内人士洽谈商务时，要谨慎使用香水。因男士使用香水，而引起周围人反感的情况时有发生。因此，在这种情况下，男士可以使用用来止汗的走珠，这样既可以存在清淡的香味，也避免了汗液所带来的体味，可谓一举两得。同时，也可以在办公室内使用香氛，这样既可以保持自己的形象，也能够清新室内空气。

香水是女士常用的装饰，而手表的佩戴更多体现在男士身上。相比而言，男士的佩戴标准同样较为严格。

男士三件宝：钱包、皮带和手表。

现如今，手表不仅是商务场合的一种配饰，也成为了佩戴之人的身份象征，所以很多商务人士对手表情有独钟。

手表能够展示出一股强烈的时间观念，给人一种办事讲求效率的印象。能够帮助商务人士获取更多的信任。不知不觉便能演变成交易成功的信用背书。

不仅如此，佩戴手表能够让男士产生一种时间的压迫感，从而使得自己的注意力更加集中。给人一种不浮躁的安全印象。

已故钟表大师钟泳麟先生说过，男人一生需要三块手表才算得上生命完整。这三块手表分别为：用以正式场合的华丽正装表，适用于多种场合的、日常佩戴的休闲表，以及运动时候的运动手表。倘若存在一定的经济实力，也可以把这三种手表各自乘以三。

这三种手表其实是一个完整的人生轨迹，也是作为一个成功人士所经历的生活状态。下面我来介绍一下这三款手表的风格和适用场合：

（1）休闲表

适用于多种场合的意思，是男士可以佩戴这款手表在一些要求并非很严格，周围人眼光并非太严苛的场合。

这款手表的款式应当中规中矩、厚薄适宜。确保它在日常生活中，以及与正装搭配的时候都可以佩戴。比较适合一些事业有成，享受休闲生活的成功人士。

（2）运动表

运动表要适应多种运动场合，因此需要一些抗震、抗摔的功能。它的表径一般较大，表壳较为敦厚。相比装饰作用，其实用性要更大一些。

（3）正装表

正装表需要适应正装的穿着，厚薄适宜。适用于商务场合，不会存在太多复杂功能。但是对于正装的搭配和对商务礼仪细节的处理，较为严格。

前面我提到，手表已经成为男士身份和地位的象征，所以，男士要么选择不戴，要戴就一定要戴好表。

说到好的手表，我们想到的一般是一些价格不菲的国际名牌，这些名表面向的人多是顶级成功人士，但并不适合绝大所数人群。

男士佩戴手表需要与自身的年龄、身份相适应，是伴随自身成长的品位和追求。对于一名打拼在"事业前线"的普通营销人员来说，选择一款适合自己的手表，将成为提高自身信心和品位的关键步骤。

下面，我将在年龄层面上为大家推荐手表的选择：

20~30岁，适合佩戴价格适宜的石英机芯表，照顾到了年轻人初入社会的具体情况；

30~40岁，佩戴正装表，俗话说"三十而立"，这个时候的男士大多有了自己的事业，尤其是销售人士，总会需要出席一些商务场合，此项形象投资也是非常必要的；

40~50岁，佩戴使用与美观并存的手表，凸显出中年人的品位；

50岁之后，手表的价值就不仅仅是显示地位和品位了，这时候的手表应当存在一定的收藏价值。

对于女士来说，手表的佩戴要更为灵活和随意，一些个性化的手表也能够在职场中绽放色彩。我们同样可以把女士手表的佩戴分为以下几种情况：

在一些重大商务场合，一款正装表能够展现出个人气场，为女士赋予干练、稳重的形象色彩；在一些宴会场合，搭配晚宴服装，珠宝手表兼具了装饰和展示身份的多重作用，还能够充分衬托出女士的气质；在进行户外运动时，与男士一样，女士也可以佩戴一款运动手表。

香水和手表都是商务礼仪中的关键因素，且都需要被谨慎对待，作为销售人士，这是对自己的形象投资，其所带来的收益，往往不可限量。

4. 好形象，从职业装上透出来

商务场合中，西装革履司空见惯，但不知道大家有没有考虑过，这些人的正装穿着是否合乎礼仪呢？

现如今，女士职业装的种类层出不穷，从之前的严肃规整，开始趋向于个性化和显示身材。这样既不至于过于呆板，也能够使女士根据自身的特点选择适合自己的职业装。这里并没有太多标准可言。相比之下，男士的职业装就"规矩"得多。

虽然我们见多了、穿多了，但一些近乎老生常谈的细节，却总是被我们当成习惯一般忽视了。下面，我将陈列一些职业装需注意的要点，帮助大家提升自己的整体形象。

（1）三色原则

这项原则不仅适用于男士，女士的职业装也是一样。即全身颜色，包括背包不能超过三种（相近颜色视为一种）。

这是商务礼仪中的一项重要原则，是最为基本的形象体现。

（2）细节处理

职业装的穿着存在很多需要注意的细节。

首先，袖口的袖标（商标）要剪掉，否则会被视为笑柄。

其次，系好领带之后，其下端一定要处在皮带上方。当然，也不应太过靠上。再者，袜子颜色一定要与西装相搭配。西装一般是黑色、灰色，因此袜子要选用灰色、黑色或褐色，切不可穿着深色西装，而穿白色袜子。

最后，穿着西装一定要穿皮鞋。黑皮鞋可以搭配任何深色系的西装，但棕色皮鞋只能搭配同色系西装。

（3）西装样式

虽然我们对西装的样式都有一定的认识，但随着休闲正装的出现，很多西装应有的样式都产生了模糊。

我们需要将正装与一些休闲西装区分开来。并且，穿着西裤必须要系皮带。

很多人说，我的西装穿上之后很合身，不用系皮带也可以。这其实只能说明这个正装码数不适合你。

（4）正装宽度汇总

首先，是肩膀的宽度。穿上西装之后，两手自然下垂，胳膊与西装内壁似碰非碰的状态是最佳的。要确保背部没有褶皱。

其次，是臀部宽度。大多数人选择裤子，一般是根据腰围来定。而西裤的选择，是站立之后，在大腿后侧能够多出2~3cm的空间，将视为合身。

最后，是胸部宽度。所谓得体的西装，从任意角度看，线条都非常自然。系上扣子之后，需要确保在胸部的任何地方都能自由出入一个拳头。这也是为了保证活动方便。

（5）正装长度汇总

首先，是袖子长度。这需要与衬衫相配合，我们需要保证衬衫能够露在西装袖子之外1~1.5cm。

其次，是上衣长度。随着一些休闲、修身的西装出现，西装上衣的长度变得越来越短。但是依照商务礼仪来说，西装长度应当以盖住臀部为佳，最短也应该盖住臀部的80%。

最后，是裤子长度。如果西裤是翻边样式，则翻出一点较为均衡。倘若并非是翻边样式，也应适当长一些。如果长度只到脚踝，走路之时，便会四处飘浮，略显臃肿。

销售的工作性质决定了其工作场合，我们时常需要身着职业装穿梭在各个商务场合。要想保持一个良好的形象，就需要参照商务穿戴礼仪，把各个细节把握起来。

5. 形象塑造：言谈举止的主场演绎

在前面的章节中，我提到个人形象的形成与他人对其的第一印象密切相关。而第一印象往往来源于个人的外表装束，但是个人形象是一个持续发展的过程，也会根据接触时间的长短而发生变化。这种后续的判断和认知则来源于交流沟通过程中的言行举止。

合乎礼仪的言行举止建立在自信和良好文化内涵的基础上，经过长时间的演绎，便能够形成一种自然的举动。

我们常说要举止文明，在商务礼仪当中，这类似于修饰避人原则。即不应在人前进行整理衣物、喷洒香水、涂抹口红等活动。

在语言方面，应该做到谦和友善、大方得体，不应咄咄逼人，言语凌厉。在与他人交谈的过程中，应当做到以下几点：

（1）控制音量

不可过于大声。这与个人修养是挂钩的，音量适宜不仅合乎礼仪规范，倾听者也会感到悦耳舒适。

（2）谨慎选择交谈内容

尽量交谈自己内心想要了解的内容，这样自己也会清楚什么该谈，什么不该谈。既能够获取有效信息，也能够展现出果断、干练的个人形象。

（3）使用礼貌用语

这是各个领域、各个场合都应遵循的基本原则。

在踏入社会之初，我曾有过这样一段求职经历：当时我去应聘销售岗位，其工作内容不仅是在商场里引导顾客，还兼顾与中小型客户电话沟通和面对面洽谈。只有一个招聘名额，当时我和另一人同时进入复试。复试内容是两人一同面试，以会话交谈的方式与面试官进行交谈，并回答相关问题。

另外一人的性格比我外向很多，所以总是掌控着话语的主动权，几乎每个话题都能够与面试官相谈甚欢。而我只能做到"见缝插针"，发言的机会并不多。

复试结束之后，我对比了我们两人的行为表现。作为一名销售人员，他或许比我更为合适。于是我做好了重新找工作的准备。

但出人意料的是，我却收到了公司的录用通知。惊喜之余却有些不可思议，于是便向人事主管询问原因。而主管的回答却令我受益终生。

虽然另一位应聘者有着更强势的销售优势，但是他的个人形象却拉低了自己的分数。在面试的过程中，他做到了侃侃而谈，并且主导了话语权。但是他说话的声调却远远盖过了面试官。也许他很自信，但是这种喧宾夺主的感觉作用在客户的身上，却只会形成一种压迫感。

虽然在面试伊始，已经指出了这场面试会以聊天的形式进行，示意两位面试者要放松心情，不要过于拘谨。这似乎也是销售人员在与客户交谈时所需具备的一项能力——缓和气氛。但是身在一场面试场合，另一位应聘者显得过于随意，呈现出了一种不重视的感觉。说到激动之处，甚至有些手舞足蹈。所发表的见解过于泛泛，就像只是把一个大的模板框架扔给了面试官，却并没有真正地去思考这些问题。

相比之下，我的表现要适宜的多，虽然我没有另一位健谈，但是我的语调非常和缓，也不会与另一人去抢夺话题。这是对他人的一项基本尊重。而且我懂得在适宜的情况下，适当发表自己的见解，虽然话语不多，但往往能够一语中的。因为我没有像另一位那样激动，所以举手投足间，皆如语调一般和缓亲和。因此，面试结束之后，面试官们往往会记住我的发言，却挑不出另一位面试者的有效见解。

简单来说，就是我的个人形象令面试官们记住了我，并且选择了我。

我们都知道，要面试什么样的职位，就要具备相应的能力和素质。所以，在销售上，我们总是在追求活泼、热情、健谈……中国有句古语叫作过犹不及。如果一件事情做得太过，那就只能会产生相反的效应。所以才会有"适度"一词的出现。在我看来，我们处在什么样的场合，就应该说相应的话，做相应的事。

销售人员每天都会面对客户，更多的是陌生人。所以销售人员每天都会与陌生人打交道，第一印象的重要性要求我们，在这些客户面前要持续不断地维持自己的形象。这是一项强度很大的"实战"，却也是众多形象塑造方法中最为有效的。

6. 销售共性之外的形象优势——个性

我们每个人都是一个个体，都有着自己独特的性格，但都生活在同一个社会当中。为了使自己能够在相同的大环境中生存下去，我们放下了一些性格，接受了大环境中的一些生存条件。因此，所谓的"共性"便出现在了生活当中。而一些没有跟随趋势发生改变的性格，便发展成为了个性。个性能够使我们在同性团体中脱颖而出，展现出独特的形象特征。

每个行业、每个领域都有自己的共性要求，销售也不例外。这些共性，是社会人士对于该行业的解读和定位。要获得良好的个人形象，就需要遵循行业中的共性规则。

但与此同时，我们每个人都是一个独立的个体。之前我也说过，销售工作首先要做的就是推销自己，自己就是产品。而在市场环境中，最为忌讳的就是产品千篇一律。这会给顾客带来厌烦的情绪，从而采取不理睬的态度。所以，倘若销售人员以共性面对顾客，成交的可能性往往不会太大。但是，如果销售者能够以独有的个性开展销售活动，那将会给顾客带来耳目一新的感觉，达到吸睛的作用，使得有需要的顾客兴致更浓。对于那些暂时没有需要的顾客，吸引其驻足是第一步战略，接下来要做的就是创造需求，这也是销售人员应该具备的营销能力。

我刚刚接触销售工作的时候，公司安排了一位主管带我，经常和主管出去跑业务。公司的主营业务是生产打印机芯，主要是毕索龙（BIXOLON）SMP系列型号，售价在200~300元。当时我和主管接了一单5000件的业务，算是比较大的订单。我想的是，这个月的业绩总算是提上去了，但是主管想的却是另一番事情。

在销售领域存在这样一句话：成交，只是一种开始。很多初入销售领域的人，都会认为成交就意味着交易的结束，就像当初的我一样。其实，任何领域都会强调老顾客的重要性，也就是说，在此次交易完成之后，销售人员想到的应当是下一次的成交。当然在这之前，售后服务等活动也是必不可少的。回访、接受顾客反馈已经成为销售工作的重要组成部分。

一般来说，回访和反馈的内容都是向顾客询问产品的使用情况，以及其所提出的建议和意见。培训期间，我也了解到了定期回访工作的规定。

有一天，主管拨通了那笔订单顾客的电话，我知道这是例行反馈。本以为主管会询问一些有关产品的问题。没有想到的是，主管问的却是对方公司的物流运转情况。双方交谈了一阵，主管说着"那就好，看来情况有了很大的改观"，最后说了一句"您太客气了，那先这样，您先忙"，然后挂断了电话。

我有些不解，于是向主管询问其中缘由。原来合作公司是一家打印机组装公司，在各个公司购进打印机的零件，然后在厂房里进行加工组装。自进入第二季度以来，公司的订单量逐渐增大，在物流运输方面一直依赖外包。虽然存在几家物流合作公司，价格也还算公道，但由于打印机重量过大，运输力度也就随之升高，物流成本总是居高不下。公司也曾想过自己开办物流管理体系，但考虑到巨额成本和过于分散的收货地点，一直没有付诸行动。

后来主管向他们建议，可以自行开展近距离的物流运输。循序渐进，先以一省为原点，逐渐向外省辐射，一步一步收回物流成本。

该公司果真采取了主管的建议，并取得了一定的成效。刚才在电话里，谈论的就是这项内容。

我问主管怎么会清楚打印机公司的内部运营情况，主管回答是在闲聊中提到并讨论的。我更是费解不已，原本双方进行商务谈判的时间就非常有限，又怎会有时间闲聊呢？

主管表示，这些话题是在参观加工车间的时候提及的。之所以会如此，是因为他存在"爱管闲事"的特点。而正是因为他的爱管闲事，才使打印机公司成为了老顾客。

主管又对我讲到了竞标时候的事情，打印机公司想要合作的原本有三家目标公司，而其他两家的打印机芯与我们公司并无太大差别，更有一家的机芯定价比我们低了0.8元，但是打印机公司依然选择了我们。用该公司老板的话说："降价折扣所节约下来的成本，远远抵不上主管的有效建议。"

每一位销售员都会回访产品的使用情况，而唯独主管回访的却是客户的运营状态，这一内容上的巨大转变，使得客户对主管产生了更为清晰的印象，而单纯为客户考虑问题的做法，更是令客户感怀在心。固定客户的关系就此板上钉钉。

销售的工作内容不过是一笔一笔的交易，这便是销售行业的共性特征。但是要想在共性中脱颖而出，就需要保留自己的个性，然后利用它的力量，帮助自己走得更远。

Section 03

肢体语言

——怎样从微行为当中刺探到顾客的秘密

在社会交际当中，超过50%的交流活动都是通过肢体语言来表达的，所以说察言观色是每一位销售者都必须要具备的基本素质。在使用肢体语言学说分析客户心理的时候，我一直坚信这样一个道理，那就是绝大多数语言是被个体意识所掌控的，而下意识的行为举止则由个体潜意识操纵，因此后者具备更强的可观察性。事实上也确实如此，一个人可以用言语或妆容来掩盖自己的真实意图，但是一些漫不经心的小动作却将他的真实想法暴露出来。

所以说，无论是商务谈判，还是一对一的客户交流，又或者是近距离的感情构造，我们都可以通过肢体语言的秘密来鉴定真伪。所谓知己知彼百战不殆，我们可以肯定的是，在众人都希望极力隐藏自身情感的背景之下，着心留意那些情不自禁的形体特征，或许会有意想不到的收获。

1. 如何从走路姿势当中观摩人心

我一直强调，"低头族"是做不好销售的，因为我们与潜在客户的交流，并不是从正式接触之后才开始的，而是说在一个人的交易意向还未表露出来时，销售者就应当对其进行观察分析了。

刚做销售工作的时候，我总是习惯性地怀疑自己一个月到底能够卖多少衣服、赚来的钱够不够老板给我发工资。正是由于这样一种想法，所以每次见到有客人光顾，我都会非常兴奋，恨不得把所有的热情都倾注到对方身上去。有一天早上刚开门不久，店里就来了一位男士，向我询问产品的价格。

我心里非常高兴，于是使出浑身解数来介绍产品。但是还没有等我说完，对方就冲我摆了摆手，然后急匆匆地向门外走去。我大为惊讶，不知道到底发生了什么事。这时，店长踮着脚跟了几步，趴在门口向那位男士离开的方向看了一会儿，然后冲着我只是乐。

我问店长怎么回事，店长笑着对我说："这人就不是来买东西的，不信你出去自己看吧。"

我到了店门口，只见那位男士走路的样子很着急，像是一阵风，经过一个拐角的时候，他向后瞥了一眼后就不见了。由于担心店里丢了什么东西，所以这件事困扰了我一个多月。

后来，随着销售经验的增加，我也逐渐了解到，其实在一个人的行走姿势当中隐藏着很多秘密，比如当年那位行色匆匆的男士，其实根本就不是一位潜在顾客。而作为一名销售人员，什么样举止的人抱有什么样的心理状态，同样也是需要逐一分析的。

我们可以从整体感知上观察顾客的行走姿势：

第一类顾客，走路时挺胸抬头、形体挺拔

这类顾客往往较为自信，对待服务人员也比较客气。从价格质量的角度上来说，这一类客人对质量的重视程度要更高一些，所以在进行产品推荐的时候，重点抓住取材、工艺，或者是生产商来表述才是更为恰当的。

第二类顾客，他们行走缓慢、长着一副"好人脸"

同时眼神顺从，走路很少看人。这一类朋友大都心地善良，但同时又相对怯弱缺乏主见，因此在交易行为当中容易被对方左右。从销售的角度来说，缺乏主见的客户大都依赖性较强，他们更容易与爽快利索、斩钉截铁的卖家达成协议。

第三类顾客，他们行走时同样步履缓慢，往往矜持自恋

因为在行走的过程中，这类人总是习惯于用自己的眼神环顾四周，如果看出他们有意光顾，那么远远地打招呼是很有必要的。

我就有这样一位朋友，他平时走路的时候就派头十足。有一次他想要买一只玻璃鱼缸，但是到了花鸟鱼市场上，他却显得很被动，哪家老板招呼他，他才进去看一看。碰到有一些没空搭理自己的店铺，他还会做出一副严肃的样子对我说，这位老板不会做生意。

第四类顾客，他们走路的时候软绵绵的，甚至是脚不点地

这类朋友看上去脚下就像是安着弹簧，我对他们的总结是：如果签单，那么最好就是现在。因为这类人群在性格上通常"即兴"的情况较多，这就意味着如果销售者更添一把火，或者生意就做成了；但是由于这类人群的兴趣来得快去得也快，所以如果当时没能签单，那么过后追补的难度也是相当大了。

当然，有关走路姿势和商业行为之间的关联还有很多，而且有关肢体语言的应用应当是灵活多变的，所以我不希望通过过多的一家之言对业界新人带来所谓的"固定思维"。在此我更加希望大家记住的，依然是开篇那句话：真正的销售并非从正面接触之前，整天低着头看手机的人永远成为不了业界的精英。

2. 真正的欢迎如何体现

业务能力出众的销售者，在生活当中都是察言观色的好手，他们容易获取他人的尊重与喜爱，同时也能够做到尊重他人、时时处处为对方考虑。从一定意义上来说，失去某人的认可远比得到他的赞美要容易，因此在销售中如何不让自己招人厌弃就成了一个至关重要的话题。

离开金店之后，我获得了一份渠道经理的职位，虽然叫作经理，但是工作起来却是非常辛苦的。当时我们公司主营清洁类产品，在很多城市都做了市场计划，我当时就被派驻到了山东济南。做过渠道的人一般都了解，与大客户搞好关系是最要紧的。在经历了大半年的"扫大街"之后，终于有几个大企业愿意同我们合作了，我的任务就是与这些企业的采购部负责人建立更紧密的关系。

我清楚记得，有一个周末，我和朋友一起到趵突泉游玩，恰好就在那里遇见了一家电子科技公司的采购部负责人，我管她叫张姐。

当时的情况是，张姐在和另外一人聊天，我远远地打了个招呼，然后朝着她站立的地方快速走过去。在听到我的声音之后，张姐也回应了一句，她转过半个身子，满脸笑眯眯地回答我说："哟，你也来这里玩儿！"

按照正常的状况，我应该快速几步赶到对方身边去，然后仔细拉拉感情。但是出于职业的习惯，我发现了一个有趣的现象，那就是张姐在说这番话的时候，她的脚是没有移动的。这就是说，当我从身后呼喊她的时候，张姐没有将整个人都转过来，而只是扭转了腰部，然后跟我搭的话。从肢体语言上来说，我们将其解读为"并不欢迎来客的姿势"。

我乖巧地放弃了赶上前去与人细聊的决定，只是简单招呼之后就和朋友离开了。后来一次和张姐见面的时候，我从她口中得知，那天在趵突泉遇见的，是对方公司的总经理。我暗自庆幸，如果当时自己冒昧上前，那位老总或许就会认为我和张姐关系过于紧密，进而怀疑我们之间是否存在利益往来呢！

对于以上事实，我想要用一般人的处理办法来阐释其中的道理：一般情况下，我们在远远见到自己的熟人或者朋友的时候，会很自然地向他打招呼，并且走过去细聊——即便没有时间，也应该在物理空间上向对方靠拢，这是我们欢迎对方的一般特征。但是如果我们嘴上表达着问候，但是脚步却没有挪动，那么这实际上就是一种傲慢、不乐意与来者做深入沟通的表现。而且，假如有两人在聊天的时候，他们的身后有第三者介入，那么被打招呼的这一位如果只是将脸转向了对方，但是脚尖依然固定不变，那么这也表明以上两人是不希望这位新人加入自己的聊天的。

依照以上理论，我们再回归到我和张姐在大明湖的那次偶遇：当时她在听到我的问候之后，只是上半身转过来回复了我的言语，但是脚下却没有移动，这种"扭曲的身体造型"很明显地表露出了对我的拒绝。在这样的情况下，我识趣地放弃了上前细聊的打算，与朋友去了别的地方。我也确信，这一次躲开对方，成功地避免了将大家都带入尴尬的境地，这样我们之间的关系才能够更为稳定地发展。

所以说，当我们在某时某处偶遇一些生意场上的朋友时，通过一些肢体语言或者暗示来判断对方的心理状态是非常必要的。碍于种种因素，他们或许并不认为眼下双方正处于一个良好的接触环境之中，而当这种心理意念被肢体语言外化出来的时候，"见机行事"就是一个更好的选择了。

3. 脑部风光：如何通过头部动作刺探顾客机密

由于头部对个体而言是一个非常重要的部位，因而我们会投入更多的精力来装扮、修饰自身脖子以上的各类表征。这样一种习惯带来了更多的微表情，由此我们拥有了更多的分析样本，但同时我们也应当明白，针对这些素材的分析也将会是更加困难的。

在此，我希望通过以下几点较为常见的头部肢体动作来解析顾客心理类别：

第一个动作，"抚摸头发"

这是最简单、同时也是识别率最高的头部肢体动作。这个动作在绝大多数时刻都表示，顾客对眼前的处境和报价是满意的，他正在帮助自己下定决心，所以只要销售人员再从旁点一把火就可以将本次买卖促成了。

之所以这样理解，我也是经过了大量思考和实践的。当一位女士把自己脑后那一缕头发拉到身前不停抚摸的时候，她其实是想要通过一些微小的动作来平缓自己的心情。因为在此之前，她的心境是迷乱、躁动的，看上去"充满诱惑"的商品正在让她的心中小鹿乱撞。然而，这一种"移情"的举动，往往将自己的内心世界清晰地暴露在了世人面前。

第二个动作，"抚摸鼻子"

这个动作我想要重点阐释。在肢体语言学说范畴，这个动作通常与谎言形影不离，而到了销售领域，它又被赋予了更多含义。

在学习肢体语言相关理论的时候，我对美国心理学家保罗·艾克曼的论述推崇备至，因为他不单单讲述肢体语言与心理现象的对应关系，同时还会以科学系统的方式阐述这层关系背后的依据。比如说人总是不停地摸自己鼻子的这一个微小动作，它其实与我们的生理状态密切相关。艾克曼解释说，当一个人撒谎的时候，他的血液流速会加快，由于鼻子周围毛细血管密集，因此这个人会感觉到鼻部胀大，所以他就会用手去触碰鼻子。

对于这一个现象，我的看法是有所不同的。当然从生理学的角度而言，血流加速会令部分人体器官充血，毛细血管密集的区域会明显感知到这一点，这是毋庸置疑的。但是从诱因上来说，我认为并不一定是"谎言"，而是说任何引发剧烈情感波动的心理因素都可能造成这一现象。

比如说在销售过程中，有一位面如止水的顾客在听完报价之后不停地摸自己的鼻子，那么我们就应当考虑刚刚提出的报价是否合适。因为以我的经验判断，刚才的说辞极有可能给对方造成了巨大的触动，他的内心开始躁动、脑部开始发热，至于到底应当如何处理，那就是需要我们具体问题具体分析了。

第三个动作，"抚摸后脑勺"

这一个动作在很多时候被理解为"自我怀疑"。实际上在销售领域，我认为它被定义为"怀疑"更准确一些，因为一旦你的顾客出现了类似动作，那么这就表示他并不认可眼前的种种现状，包括销售者的言语和自身之前的主观认知，等等。

这个时候我们可以注意下对方的眼睛，如果他是低着头默默注视自己眼前那一片区域，那么他很可能是在自我怀疑；如果他是抬头审视着销售者的目光，那么他很可能就在寻找销售员言语当中的谬误。

所以说，抚摸后脑勺的动作更多代表着交易双方的关系走向了"怀疑"的境地。那么如何说服一位疑虑重重的人呢？我认为一个比较好的办法就是引入第三方权威机构，由它来推动交易的达成。当然这个第三方机构可以是任意形式的，它可以是一份质检报告，也可以是一份盖有机关部门印章的声明，如此等等。

　　总体而论，人的脑部肢体语言是非常丰富的，但是这一区域却最容易造假。尤其是我们深为关切的眼睛、笑容等等，它们都会被"心机分子"潜藏起来。相较而言，某些下意识的动作，比如抚摸头发、把手搭在后脑勺，以及摸鼻子等，它们才是更加合适的"心理突破口"。

4. 坐下聊还是站着，这是两种不同的心态

"详聊"是商业活动当中不可或缺的一环，而聊天的过程中
到顾客到底是"站着"还是"坐着"，这其实代表着两种截然不
同的心理态度。一般而言，愿意坐下来的客人，他们的购买意向
是较为强烈的，同时这类人的性格较为温和；而那些站着聊天的
朋友，相较而言在求购意愿上没有那么强烈，他们或者只是问问
价，或者只是顺道看看，如果要让他们掏腰包，还是需要花费一
番力气的。

2014年，我被一家销售公司请去做培训。在内训期间我做了
一个调查问卷："现场在座的每一位朋友，你们都回顾一下，在
自己的办公地点是否有空余的座椅？"

这时几乎所有人都举起了手。于是我又进行了第二个调查：
"那么，有谁每天都会去把这把椅子清洁一遍呢？"

第二个问题出口之后，有人脱口而出回应说："那是保洁员
的工作！"

我先是对这个看法表示了赞同，但又紧跟着追问对方："那么你确认保洁员能够照顾到公司的每一个角落吗？每一块清洁区域都会存在卫生死角，如果一张凳子长时间没有人去坐，那么它就容易布满灰尘，到了最后清洁员也会忘记这块区域，你认为我说的有道理吗？"

我这样说，自然是有过很多切身体会的，因为在最初和这家公司的人力部负责人会谈时就已经发现了这一点：一楼公共区域摆放的一排座椅上面布满了灰尘，来来往往的人似乎早已对其司空见惯、视而不见了。当我将当时的照片播放到投影仪上的时候，在场各位都鸦雀无声了。

我进一步解释说："这样的现象，我在其他公司也都见过，它并不是保洁人员的过错，因为我参观公司的时候看见保洁大姐一直在忙碌工作，一刻都没有休息过。我所要说的，是在座各位的工作方法问题，你们不重视这张凳子的作用，所以只配拿固定工资，做一名普通员工！我们必须认识到，访客会时不时地光顾我们的工作地点，无论你是一线销售还是后勤职能部门，一张光洁整齐的凳子是必须要保证有的。记住，这张凳子不是给你坐，而是有另外两个作用，第一它是待客之道；第二它可以帮助你验证对方的诚意！"

这并不是夸大其词，因为在交流的时候，双方到底是坐下来谈还是站着聊，其实是有很大的学问的。一个愿意坐下来聊天的客人，和一个站着咨询的人是抱着两种不同态度的：前者意味着他渴求本次交易的达成，同时也打算花费较多的时间来促成这一件事；后者往往是问问看的态度，如果合理就继续展开讨论，如果不合理就直接走人。

在此，有一点我需要着重强调的是，"站着聊"仅仅意味着这个人对相关产品的信任度不够深入，我们并不能以此为据判定他"并非一个优质客户"。对于这类人群，一个比较好的办法就是主动邀请其就座，因为愿意坐下来的顾客，大致处于一种"摇摆不定"的心理态度；而拒绝入座则是大多数"简单看看"者的通常状态。

总之，以一个销售者的角度来看，顾客的"主动坐下"和"愿意坐下"以及"拒绝就座"之间是存在很大差别的。从这里我们可以较为清晰地观摩到来人的购买欲望与合作诚意，而关于坐姿里的秘密，则是我们接下来需要阐述的话题。

5. 潜藏在坐姿里的亲近感

一笔生意是否能够做好，我认为最关键的一点是双方之间的关系是否亲密。而一个人是否对我们抱有良好的信任感，这一点则可以从对方的坐姿当中获取一二。而关于坐姿的细节，我又有以下几方面的分类阐述：

（1）上身的倾斜方向

如果一个人喜欢某一对象，那么他就会试图靠近对方；假如这层感情是厌弃的，那么他就会与之远离。但是由于座位是相对固定的，因此我们不可能通过行走的方式改变自身空间位置，所以在腰部以下固定的情况下，我们的上半身会很明显地出现倾斜状况——如果这一现象发生，那么它就能够非常明显地表现出一个人的心理好恶。

2006年我在长春跑渠道，当时有一个单子很大，双方策划了好几个方案都没有拍板，这样一直拖了有大半年。后来我发现了一个现象，那就是对方老总似乎不大乐意与我们区域负责人打交道，因为我从他的神色举止上都能够判断一二，后来在一次宴请上我更是坚信了这一点：在那次聚会上，我的大区经理和他并肩坐着，他的另外一侧则是我们的工作人员小吴——一位外表柔弱的女士。

在和我们经理谈生意的时候，这位老总很少主动靠上去，甚至偶尔还要用远端的一只胳膊撑住身子，整个人向后靠去；而在和小吴聊天的时候，他总是不自觉地倾向对方那一侧。联系到这位老总的日常举动，我向公司老板做了调整意见，那就是临时委派一名女负责人与这家公司沟通。

在申请调整的文件当中，我给出的意见是："对方负责人或许与现阶段我方大区经理性格不匹，因此请求调换山西区总接替谈判。"

后来的结果也正如我所预料的那样，经过人事变动之后，对方老总很少拒绝我们公司提出的意见，合作意向也顺利达成了。当然我们并没有在本次谈判当中使用某些不光彩的手段来博取他人的欢心，只是说在交流博弈的过程中，合理利用商业对手的弱点，往往是能够出奇制胜的。而所谓的剑走偏锋，自然是需要建立在一系列的观察与思考之上的。

（2）坐姿当中大腿的指向

这一套理论说起来或许有一点拗口，但是我们在生活当中却是经常遇见的，那就是在跷二郎腿的时候，我们的大腿就自然而然地产生了一种朝向问题。

在人与人交往的时候，如果双方互不感冒，那么大家在跷起二郎腿的时候就会把靠近对方的那一条腿搭在另一条腿上，这样看就像是在双方之间筑了一道高墙；如果双方都是兴趣盎然，那么或者大家会把凳子拉得更近一点，或者在跷二郎腿的时候会避免"筑墙"现象的发生。当然，如果有人说："和我聊天的人上半身靠近我，腿部却在'筑墙'那么他到底是喜欢我还是不喜欢我呢？"

关于这个问题，我的回答是："远离心脏的部位更能表现出一个人的内心世界，一个人上半身表现出对你的兴趣，屁股却没有挪动，那么他必然不是真心实意的。或者他只是好奇对你看了一眼，或者正在将注意力集中在另外一些地方上。类似现象在玩游戏的人身上体现的尤为突出。"

总体来说，坐姿当中隐含着许多好恶亲疏的关系，人们会对喜欢的目标靠近，同时远离厌弃的人或物。由于座位的相对固定，因此我们通常会将自身的内心情感通过上身的肢体语言表露出来。又或者，在面对一些不想要接触的事物时，我们习惯于通过"筑墙"的方式来人为地制造一些距离，而这些都是在一个人不知情的条件下完成的，自然也是我们心中真实意愿的表露。

6. 脚尖不会撒谎

　　有人将销售比作"谲诈的艺术"，对此我深信不疑。做生意，一方面要求诚信，另一方面也必须要懂得谋略的释放与识破。就身体语言来说，心理学普遍认为远离心脏的位置伪装性较弱，由此我便更加坚信了自己的"经验之举"，那就是一定要注意交易对象的"脚尖"。

　　有一件事情是令我印象深刻的：2007年6月，公司招聘了一批新职员，领导要求对新入职员工进行为期一周的军训。在这条规定实施一天之后，人力部又下达了另外一条通知，那就是公司全体管理者都需要参加培训，无论职务大小。这样一来，我们就从新招聘到的职员当中发现了一个"异类"。

　　在接受培训的新人当中，有一个身材中等的小伙子，他戴着一副眼镜，表情非常严肃。最令人感到新奇的是，这个小伙子即便在休息期间也在原地站得纹丝不动，目不斜视，依然保持着站军姿的状态。

同事们开始讨论这个怪人，有人认为这个孩子太认真了，同样也有人认为这是个不好接触的怪人。而我与他们的看法则是不一样的，但是出于对新人的保护，我只是笑了笑，没说话。

从表面上看，这位小伙子确实是非常另类，将他用到某一些特定的岗位上或许会有出其不意的效果。但事实却是，当周围有人起哄的时候，这位小伙子的神情和站姿都保持不变，但是他的脚趾却在不安分地跳动。因此我默默地断定，在他的心中其实也是热血沸腾的，只不过由于种种原因，他为自己戴上了一个不一样的面具而已。如果要将这一现象深入分析，那么我们甚至可以从西方经典心理学"人格面具"理论当中寻找到蛛丝马迹。

事实上也确实如此，本次培训结束之后，那位叫作李军的"另类"小伙被人们视作"老实""呆板"的成员整天逗乐开涮，他在平时的工作当中也为我们留下了老实木讷的印象。但是后来一次我们在另外一家公司相遇，我特意向李军的新同事们打问了他的情况，结果大多数人都表示这是一位活泼开朗、鬼点子不断的家伙。

对于这件事的结局，可以说是在我的意料之外、同时又在自己意料之中的，它同时也坚定了我后来在自己职业生活当中对于一个人脚部动作的观察。有很多都习惯于隐蔽自己的真实意图，比如假笑、努力表现得愤怒或不在意，等等，这些较为明显的肢体语言是容易掌控的，但是部分隐秘的肢体动作却是不容易被人为操纵的。可以断言，在一个静止的形体上，任何轻微的小动作都会被他人看在眼里，比如说李军脚趾的跳动，除了他自己之外其他人都有看见，然而由于远离心脏、远离大脑，所以他从主观上形成了一种自欺欺人的假象，认为自己是"没有被发现的"。

因此，在挖掘客户或者合作伙伴的心理状态的时候，我们应当将脚步的微动作视为一个比面部表情或上肢展现更加可靠的参考对象。比如说当一位客人表示"我有时间和你耗和你砍价"的时候，如果他的脚尖指向门外，或者是在不停地吧嗒鞋子，那么我们就应当考虑，他是否是在虚张声势了。因为从上述肢体动作来说，这位客人的内心其实是焦躁不安、想要快速离开现场的。

7. 被不当形体毁掉的生意

一名成熟的商业人士，他不单单会通过察言观色了解到客户或竞争对手的心理状态，同时还必须掌握有关肢体细节方面的商务礼仪。在规格较高的层次，人们穿什么样的衣服、按照怎样的顺序就座、出行车辆的档次高低，以及乘车时候的座次顺序等等，都是有着非常严格的礼节规定的。

在这里，有一则非常微小、但却又十分常见的"失礼"动作是我想要告诫给每一位阅读者的。

我在山东工作的时候，和一位姓田的老板关系不错，他开办了一家投资管理公司，谁有不错的项目都可以找他进行融资。有一次田总和别人谈了一个项目，双方感觉都比较不错。而田总做事情有一个习惯，那就是在进行项目考察的时候带一位顾问，而这位顾问往往都是他从公司外部挑选的。之所以这样做，田总给出的理由是"当局者迷，旁观者清"，一些没有利害关系的人往往能够提出更加理性的建议。所以这一次进行考察的时候，我就受邀成为了本次出行的顾问。

　　计划合作的公司规模中等，单广告部就有20多人。当时合作公司的老总带着我们参观了他们的广告部，然后让部门员工将自己的推广方案模拟了一遍。由于电脑尺寸较小，于是大家就分开坐，由广告部的同事操作电脑，一对一地进行深入讲解。

　　会谈结束之后，我和田总回到了宾馆。刚刚坐下之后，田总就开口问我对这个项目的看法。我当时的意见是"原则上是可行的，但细节方面还需再计划"。但是田总却表现出了更大的担忧，他说道："我并不看好这家公司，他们的员工素质很一般，甚至连一些基本的礼仪规矩都不懂。给我介绍推广计划的那个小伙子，说是广告部的台柱子，但他总在用自己的中指在屏幕上比比画画……"

　　当时那位向田总做演示的小伙子，长相帅气、口才也不错，但就是中指上戴着一枚恐怖图案的戒指，并且总是用这根指头在屏幕上为别人做讲解。田总抱怨的情况其实也是我想说而没有说出口的，职业场合用一些不规范的手势与客户交谈其实是一件非常糟糕的事情。

　　在日常的生活交往当中，我们使用什么样的形体动作是不会有人去限制、关注的。但是在正式的商业场合，不恰当的行为举止就可能会给他人留下不恰当的印象。

　　所以，在商业谈判当中，尤其是初次见面的双方一定要注意以下几个非常细小的问题：

（1）不用手指指示方向

能用手掌的时候不要用手指。比如请客人就座、指示方向等。

同时，中指与小指都是禁忌。开关电梯、演示讲解等动作，都应当避免中指或小指的使用。

（2）切忌抓挠

头皮发痒用手轻轻按一按即可缓解症状，切忌在公众面前抓挠。

（3）保持口气清新

口袋之中常备口香糖，因为口气异味同样也会触碰到部分潜在客人的禁忌。不过一边咀嚼口香糖一边和人说话，这样做实际上是更加失礼的。

（4）不要抖腿

在正式场合之中，抖腿或者其他摇摆不定的动作都是需要纠正的习惯。

（5）请勿主动握手

握手的时候，一般是尊者、女性主动伸手，其他人才与之握手。所以说"示好"都是有讲究的，一位晚辈主动伸手，是容易带来尴尬局面的。

　　总体而言，商业领域的肢体语言是内容丰富、体系庞杂的，一些新入行的朋友一定需要注意其中的部分"雷点"。很多我们司空见惯了的行为习惯，到了一些稍微正式的场合之中都会显得不合时宜、同时还会为大家带来不必要的困扰。

性格侦查

——摸准顾客特点才能把话"说到点上"

性格哲学，多指的是人类心理学层面。心理学大师荣格说："一个人毕其一生的努力就是在整合他自童年时代起就已形成的性格。"

我们把世人的性格分成了几大类，总结出了属于特定类别的个体所会展现出的言行举止，这些表现是人们对外的展现。当我们要与他人进行相处时，首先要做的就是探索对方的性格，然后判断其人是否好相处，最后再决定是否要进行进一步结交。

在销售领域，买卖双方总会产生一定的交流，站在销售人员的角度，摸清每一位顾客的性格类型，成为接待顾客的必修课。因为不同的性格类型会展现出相应的言行举止，这就在一定程度上决定了订单的形成。

交流一定是站在双方相互适应的前提上，在交易过程中，向来都是销售人员去适应顾客的性格，只有根据顾客所表现出来的言行，制定出相应的应对方式，把话说到"相应的点"上，才能使交流过程顺利地演变成交易过程。

1. 销售，摸准顾客性格再聊天

从事销售工作，我们总会遇到各种各样的顾客，他们有的非常爽快，有的犹豫不决，更有甚者是对销售人员存有一种回避态度，只是交易前的交流都很难进行。所以说，销售并不是一件轻松的工作。

哈默定律指出：天下没什么坏买卖，只有跛脚的买卖人。

我有一位朋友在一家轻奢洗护用品连锁店做店长，他经常说，销售靠的是一门嘴上功夫，首先你要会聊天。何为会聊天呢？简单来说，就是先要摸清楚顾客是个什么样的人，然后再决定应当与之谈话的方式和内容。

在门店旁边有一家咖啡厅，我经常邀请他去旁边喝咖啡。时间长了，和他的员工也熟络起来。和员工聊天时，她们都说只要店长在门面的时候，门店生意就会非常好，但是其他员工招待的时候，生意就会很一般。我想着朋友或许有什么销售的诀窍，于是便在他接待顾客的时候，好好留意了一番。

当时是短短一下午的时间，朋友经手招待的只有三位顾客，但都毫无疑问的成交了。他在和第一个人交谈的时候，向顾客提了很多宽泛的问题，并且引导顾客体验了试用装，两人谈论了一下使用之后的感觉；当接待第二个人的时候，朋友的言语并不多，主要讲述了产品的特殊功效，更多时候是认真听着顾客的意见；到了最后一位顾客，在介绍产品之余，还讲起了公司和产品的发展史，像是拉家常一样。最后把顾客带到了价格偏贵的产品面前，并介绍说，这是店里质量比较好的一款，但是数量不多，属于限量款。

就这样轻松拿下了三笔交易，来到咖啡厅，我对他说了自己的观察结果，向他请教这其中的道理。朋友先是问了我一个问题："如果现在你要买车，经济型、轻奢型和豪华型你会选哪一个？"我考虑了一下自身的情况，回答道："经济型吧。""是的，你会选择经济型，而我则会选择轻奢或者是豪华型，就是这个道理。"

我表示还是不明白，朋友耐心解释道："你也发现了，我与那三位顾客的交谈内容是不一样的，但是卖出的却都是我们的产品，之所以不同的方式达到了同样的结果，秘诀全都在谈话的内容当中。

"每个人的性格都是不同的，在面对同一件事情，自然就会有不一样的想法。就像你我对买车的想法，倘若汽车销售员向你推销豪华型车辆，我想他是不会成功的，这也是极不明智的做法。所以，对于销售人员来说，顾客是分类别的，只有准确地将他们进行分类，才能开展正确的营销方法，从而促成交易成功。

　　“第一位顾客非常容易接近和相处，他没有太多的主见，不知道哪一款产品最适合自己，所以更容易接受销售人员的意见。因此，我才会把话题放宽，以便深入了解到他的真正需要，通过让他进行亲身体验，自己逐渐接受我们的产品。

　　“第二位顾客非常健谈，很关心产品的功效，重要的是他是一个专业人士，对我们的产品很了解，也喜欢发表自己的意见。所以，我大部分时间是在听他讲，只是简单强调了产品的功效。

　　“最后一位顾客穿着较为时尚，似乎对新款非常热衷，也喜欢交谈一些较为流行的话题，我断定她有着一定的经济实力。所以向她介绍我们的新品，并且用产品的生产经历去打动她，再用‘限量款’去抓住她的购买欲望。

　　“我的推销方式都是‘对症下药’，找准了他们各自的性格特点。很明显，如果我的这三种推销方式完全打乱，想必一项交易都无法达成。”

　　听了朋友的解释，我才恍然大悟，是我之前忽视了顾客的差异性，自由单一的推销方式进行招待，结果就是把标目客户群的范围缩小了。

　　掌握好并且能够迅速判断出顾客的类型，然后有针对性地选取销售方法，往往能够使交易活动取得事半功倍的效果。

　　朋友的一席话令我受益匪浅，哲学上讲“具体问题具体分析"大抵就是这个道理。因此，在从事销售活动时，首先要摸清顾客的性格类型，这不仅能够"一语中的"，还能使交易双方避免很多不必要的弯路。

在轻奢洗护品门店，我与店内员工经常以说笑的方式诉说今天遇到了怎样"不同寻常"的顾客，把顾客的性格特征描述出来，然后再讲述销售过程，以此为娱。后来，我把这些销售经历看成了一个个顾客性格案例，依次整理了出来，并且呈现在了下面的章节当中。

2. 虚荣型：赞美总是无孔不入

每个人都有虚荣心，只是 "爱慕虚荣" 的程度有所区别，这才被分成了虚荣与不虚荣两大阵营。关于虚荣的体现，最为常见的便是消费方式。很多人存在 "只买贵的，不买对的" 的心态，只要花钱多，就觉得很有面子，即便自己负债累累，也要维护这一点虚荣心。我称这类顾客为 "虚荣型"。

针对虚荣型顾客，轻奢洗护用品门店的员工刘姐向我讲述了一次销售经历：

轻奢洗护品的价格一般较为昂贵，前来光顾的客人也多在小资之上。有一次，一位穿着时尚的女士来到店内，刘姐招待她的时候，她要求看看店里的新款。于是，便把她带到了尊荣区。

"这位女士，这里是尊荣区，时下的新款都有，您需要什么功效的呢？"

这位顾客打量着这些产品，虽然眼神中流露出一些兴奋的目光，但是迟迟没有要选择的意思，她时不时地用左手去触碰这些产品，刘姐观察到她的左手戴有雷达（RADO）女士新款手表，这种海外新品售价在5万元左右，中指上还戴有恒久之星爱的殿堂PT950铂金钻戒，市面价值4万元左右。她似乎在有意无意向旁人展示这些饰物，由此刘姐判定她应当有较强的经济能力，于是便向她推荐尊荣区内价格较高的产品。但她似乎没有达成交易的迹象，主要理由就是不喜欢这些产品的味道。

刘姐以为自己的判断出现了差错，于是开始重新审视她，发现她虽然很热衷于这些产品，但迟迟不下订单的原因总是有些支支吾吾。难道是这些产品的价格太贵，而她只是表面上较为有钱，实则只是好面子，存在强烈的虚荣心而已？

想到这里，刘姐转变了销售策略："这位女士，您手上佩戴的手表应该是雷达的新品吧！价格一定不菲，这款戒指看起来好像是恒久之星的，我一直观望这款戒指，但总是碍于价格太贵，一直没舍得买呢！"

听到刘姐这样说，她似乎很是得意，下意识地抬了抬左手，看了一眼手表。刘姐接着说道："您面前的这款产品是时下最流行的，也是这个季度的新品，最适合您这样的名媛女士使用。这款产品所含的水活粒子是纯植物的，不含化学成分。像您佩戴的这些贵重首饰，需要好好护理，这款产品不会对其造成任何影响。而且对皮肤的保养效果也非常突出，您的皮肤本身就很好，用这款天然产品再合适不过了！"

"对啊，我也在考虑这个护肤品的化学成分，要是损伤了这些首饰就有些遗憾了。既然这款是植物成分，那就帮我拿一套吧。"

　　虚荣型的顾客存在一个共同特点——都希望别人说自己富有。他们总是会以豪华的生活示人，即便是有债在身，也不肯放弃奢华的生活。这样的顾客很容易便会中销售人员的圈套，只要投其所好，不住的赞美、附和，假意羡慕他的资产，表示要向他学习。然后突出产品的时尚、新潮等卖点，满足他的虚荣心，就可以引发顾客的冲动性购买。

3. 老好人：以真诚对真诚

一提到商业交易，我们总会产生一种"博弈"的感觉。认为买卖双方总是处在一种"斗志斗勇"的状态。其实这也不无道理，对于消费者来说，销售人员会"夺取"他们口袋中的钱财，因此他们对销售人员总是会存在相对的敌意。顾客与销售人员的关系也就变得微妙起来。

但并非所有的顾客都会敌视销售人员，有一类顾客性格十分和善，他们谦恭有礼，对销售人员也会充满敬意。我称其为"老好人"。

负责轻奢洗护品门店柜台咨询的芳姐曾经招待过一位顾客，并且表示对这位顾客的销售经历给她留下了很深刻的印象。

门店的门是推拉式的，顾客进门之后，不用去管它，门就会自动关上。这位女士进门之后，并没有摔门而进，而是轻轻用手拉住，将其关上。随后缓步走到柜台前，芳姐还未来得及开口，她便面带微笑说了一声"您好"。

芳姐连忙打招呼:"您好女士,请问您需要什么?"

她仍旧很礼貌地回答:"我近期要去三亚旅游,需要一款合适的防晒霜和保湿产品。"

"三亚阳光强盛,紫外线也比较强烈,光准备防晒霜和保湿产品似乎不够,一些隔离产品您还需要吗?"

"谢谢,这些我已经准备好了。"

"那好女士,我先给您介绍几款防晒霜吧。"

"好的,谢谢。"

"您太客气了。"

随后,芳姐拿出了自己的专业能力,分别介绍了几款防晒作用较强的产品,又从电脑上查询了三亚近期的天气状况,并据此为她挑选出了较为合适的一款。

在介绍保湿产品的过程中,芳姐还有了意外收获:"女士,针对您的皮肤状态,结合三亚的干湿程度,我推荐这款产品。它的保湿程度较强,适合三亚的环境。"同时,芳姐又拿出另一套产品:"刚刚那款产品适合三亚的环境,日常护肤的话,就不必选用。您看这款产品,就比较适合春夏使用,您到时候可以过来拿一款。"

没想到,她却表示自己春夏正好没有合适的护肤品,不如一并买下来吧。就这样,芳姐创造出了潜在需求。

老好人顾客说的一般都是真话。他们会把自己的需求真实地提供给销售人员，总是会认真倾听销售人员的介绍。对于这类顾客，一定要认真对待。要向他们充分展示自己的专业才能，介绍过程中，要做到有理有据。特别要重视服务细节和服务质量，做到心态平和，避免卖弄。

4. 犹豫型：用诱导取消否定

生活中，我们时常会遇到一些存在"选择困难症"的人，他们面对任何问题都会呈现犹豫不决的状态，购物也是一样。这些人在购物时，往往会把多种商品摆放在一起，然后想要从中选出一件合适的，但结果往往难以决断，以至于一件都不会选择。对于卖方来说，这类顾客的流失率很高。我将其称为"犹豫型"。

在轻奢护肤品店中，针对各种皮肤问题的产品有很多种类，这也在一定程度上加大了犹豫型顾客的选择困难。

有一次，一位女士来到店里，希望小李推荐一款保湿美白的护肤套装。小李带她来到了保湿美白区。

"这位女士，这里的产品主要针对保湿美白，您可以随意挑选，喜欢哪一款，我可以向您介绍一下。"

这位顾客先是拿起了一款植物配方的套装，然后又看到了矿物美白套装，继续向前走，又拿起了海洋补水套装，小李说："女士，这款海洋补水产品能够深入皮肤底层进行深层补水，效果会比表层补水高出三倍。"

"那套矿物的呢？"

"矿物美白在补水的基础上也能够去除皮肤角质，达到美白的效果。还有您刚才看的植物套装，它的功效比较温和，对皮肤没有刺激性，补水、美白的亲和力很好。不知您看中哪一款呢？"

"这样啊……我再看看。"

她开始在三种类型面前踱来踱去，似乎拿不定主意，从她的言行当中，小李判断这是一位犹豫型顾客，这种情况下，不能够放任她自己进行选择，只能转变销售策略了。

"这位女士，其实这三款产品有着它们各自的特点，您不妨向我说一下您自身的皮肤特点和想要得到什么效果，我根据您的需求帮着您选一下。"

"我的皮肤冬天会很干，春夏会轻一些，因为长时间在电脑前工作，所以皮肤有些暗淡无光，还有点发黄。所以才想到补补水，提亮一下肤色。"

"好的，您说的情况我大概了解了，针对干性皮肤，论补水效果的话，还是海洋水最为有效，您刚刚还提到想要提亮肤色，海洋水是深层补水，套装中的洗面奶在此基础上会把底层的暗黑色素沉淀带出来，让皮肤呈现自然光泽，这不同于表层皮肤美白，而是一种由内而外的透亮。在电脑前工作，辐射对皮肤的伤害很大，海洋水存在蓝藻精华，在一定程度上能够折射辐射，从而减少电子设备对皮肤的伤害。因此，根据您的需要，海洋水是最为合适的选择。"

在这一番解释介绍之后，顾客终于拿定了主意，选择了那套海洋水套装。

犹豫型顾客对自己的需求原本就非常模糊，甚至他自己也不知道应该选用怎样的商品。这时候就需要销售人员加以引导，让顾客说出自己的实际需求，然后根据顾客的描述给出一番合理的建议。

因为存在犹豫不决的性格，所以这类顾客在面对任何一种产品时，内心都会出现一种"否定"心理。无法抉择的他们往往会被逼得"逃离现场"，他们甚至渴望有人能够帮助他们做出选择。如果销售人员能够合理采用引导的方式，对他们给出真诚、合理的建议，他们便会对你产生信任心理，从而放心地把决策权交到你的手里，最后听从你的建议，达成交易。

5. 理智型：低调但要保持自信

对于大多数消费者来说，其购买行为多是冲动性的，但仍有一部分顾客头脑清晰，行为极其理智。

这类顾客的言语很少，对商品也较为挑剔，正是因为找不到自己较为满意的商品，所以总会展现出不耐烦的情绪。而这类顾客的沉稳，总会给销售的人带来压抑的感觉。我称其为"理智型"顾客。

多年前，我在一家商场里负责过几款加湿器的销售。当时，有一位顾客非常果断地走到加湿器面前，先是大概浏览了一圈，然后开始逐个拿起，观察比对。

我断定她的购买意向非常明确，然后走过去向她介绍这几款加湿器的各自功效，但她的话并不多，只不过在观察加湿器的同时，也会时时抬头听我的介绍。她似乎对每一款加湿器都不太满意，因而展现出了不耐烦的情绪，但却依然耐心地听我介绍。由此我判定出这是一位理智型的顾客。

于是我非常有自信地展现出了自己的专业水平，尽量收敛起一些热情，采取低调的态度，为她一一讲述每款加湿器的实用性功能。尽量询问她的实际需要，并且为她推荐了一款最合适的，强调了一下这款加湿器能够给她带来的便利。后来，顺利达成了交易。

理智型顾客内心沉稳而细心。他们往往会仔细倾听销售人员对产品的讲解，不仅是对产品，对销售人员本身也会做出一番评估。所以，体现出自身的专业性，表现出足够的自信心，让这类顾客相信你非常了解自己的产品，从而对你产生信任。同时要在低调保守的状态下，保持礼貌谦恭。

6. 疑心型：首先，来交个朋友吧

很多人存在多疑的性格，他们总会怀疑一切，不容易相信别人，因此他们很难相处。在销售领域，这类人不仅会疑心产品，也会疑心销售人员。但这并不是最糟糕的，销售人员一旦遇到这样的顾客，往往会被莫名其妙的找麻烦，他们的一切行为似乎都在指责你，把你看成是所有问题的起因，双方关系总是处在一种僵持状态，甚至完全都不会听你介绍说明，是非常不容易应付的角色。我将这类顾客称为"疑心型"。

有一次，在我负责的加湿器区域来了一位表情严肃的顾客，一见到我就开始抱怨："你们商场里摆放加湿器的区域怎么这么难找，我转了好几圈才找到，要不是碰巧过来商场，我早就去别的地方买了，白白耽误了这么长时间！"

我听着这位男士的语气似乎存着一些火气，于是心平气和地说："真的很抱歉，给您造成了这样的困扰，其实我也这样想，每天来上班，都要七拐八拐绕进来，有好几次还走错了，一天工作下来，收拾收拾就回家了，竟没去想要解决这个问题！您的话真是提醒我了，我今天就向老板提议，看能不能调换一下场地。"

在我说这段话的同时，我也在时不时观察他的表情，听到我同样在抱怨，他的神情似乎没有刚才那样严肃了。我看到他穿着稍微有些正式的职业装，肩上还背着一个公文包，大概猜测了一下他的身份："您这是刚下班吗？"

"是的。"说话的语气仍旧不痛不痒。

我继续寻找聊天话题："我真是羡慕像您这样朝九晚五的工作，像我们，每天九点前上班，晚上还要工作到八九点，一待就是一整天。"

听到我向他抱怨，他似乎也有很多想说的话："也不能这样说，你们工作时间虽长，但好过我们不自由，时刻还有老板盯着，每天都紧绷着一根弦，工作做不好还要挨批评，即便不是自己的错，却还要忍气吞声地受着！"

我察觉到他对我的戒心已经没有那么强烈了，并且感觉他应该是工作上不顺利，因此想要发泄出来。同时，我发现"共鸣"是一个他比较认同的交流心理，我似乎可以以一个互相倾诉的朋友身份来接近他了："其实我的工作也不像您说的那样轻松，我们同样存在业绩任务，这商场里到处都是摄像头，我们要是不在状态，老板同样会斥责、惩罚一番，所以说做什么都不容易。"我听到他叹了一口气，似乎说到他的心里去了，于是便趁热打铁道："您这是准备回家吗？"

"是啊，老婆让我回家时在商场带一台加湿器。"

"我也盼着下班呢，不管外边生活如何，回到家里总会轻松很多。"他表示赞同地点点头。

"那您需要怎样的加湿器？我看看帮您选一款。"

"就是那种二三十厘米高，放在客厅桌上的家用加湿器。"

我向他推荐了一款，但他疑心的性格仍旧很重，不断询问这款加湿器是否好用，我耐心地给他介绍了加湿器的性能、功效和使用方法，最后终于达成了交易。

疑心型的顾客总会体现出多疑的性格。但很多情况下，一些其他性格的顾客也会出现类似的反应，就像上述描述的这位顾客，也许是内心产生了一些私人烦恼，或者是存在一定的心理压力，怀疑的行为只是想找个机会发泄而已。

面对这种情况，销售人员要充分展现出自身的亲和力，切忌与其进行争论，更不要向其施加压力。通过温和、有礼貌的交流产生共鸣，以此来推动交易的达成。

7. 冷漠型：从好奇心处下手

对于销售人员来说，不管是怎样的顾客，只要能够说上话，就算是踏出了交易成功的第一步，至于结果如何，就要看过程如何演绎了。但是，倘若连第一步都迈不出去，那之后的过程似乎就望尘莫及了。

所以说万事开头难，这种情况普遍来源于"冷漠型"的顾客。这类顾客其实并非真心想要购买产品，甚至对产品的质量也并不上心，更多时候是要"看心情"。他们冷漠的神情让人不太好接近，因此也不是很有礼貌。

我曾经代表公司参加过一次会展，展览的是公司的主营产品打印机芯。在会展中心来来往往很多人，也会有顾客在一些摊位上驻足，购买商品。

临近中午的时候，我发现一位顾客停在摊位前，便起身走了过去，但是他看到我走过来，竟然走向了摊位的另一边，我看出了他的动作和神情，他似乎并不希望我打扰他，自始至终，他都是漫不经心地看着这些机芯。我想他可能是一位冷漠型的顾客。

从他的神情和动作上来看，他没有用手触摸商品的意思，只是随意地看着，似乎没有太大要买的意愿。想要让他成为我的顾客，一般常规的推销方法是不奏效的，甚至还会扫了他的兴致，令其愤而离开。所以，必须找到一个合适的突破口。

我看到他在一款机芯面前停住了，便远远地边走边说："先生，要我说，这些打印机芯真的没什么好看的。"他听到了我说的话，转头看了过来，脸上有些不可思议的表情，似乎没有一位销售员会说自己的产品"没什么好看的"吧。他似乎提起了一点兴趣："哦？为什么这么说？"这时候，我已经走到了他的面前，而他也开口向我说话了，这破冰的第一步算是完成了。

随后，我向他解释道："这些只是机芯，即便是样机，也无法进行打印操作，光这样看着它们，时间长了不厌烦才怪。""呵呵，说的也是。"他似乎被我的话逗乐了，脸上浮现出了一些笑容。

我试着与他聊天："这是此次会展的最后一天了，您是逛逛打发时间吗？"

"算是吧，回去经过会展中心，顺便过来逛了逛。"

"其实这会展中心里，有很多像您一样进来闲逛的。原本我应该准备一些传单页的，可当时过来的时候太匆忙了，公司里的打印机有点大，搬过来又不方便，虽然有小型机芯，但还没来得及装置，应该是流失了很多客户吧。"

　　他似乎很有兴致同我聊天："贵公司里使用的打印机应该是4英寸的打印机芯吧，这是公司常用的尺寸，打印机外形也会大一些。"

　　"是的，看来先生对打印机颇有研究。"

　　"也不算，因为公司里用的也是这种，我想在家中也放置一台打印机，但想它小巧一些，您刚才说有小机芯，不知有什么尺寸的？"

　　"这些机芯大部分是IC-TP系列热敏打印机芯，有您刚才说的4英寸，也有2英寸、3英寸的，应用倒是挺广的，您觉得合适吗？"

　　"2英寸的IC-TP好像是隆宝的专利产品，是国内首创吧。"

　　"是的，一般在ATM柜员机、话费清单打印、自助终端等各个行业都可适用，您想家用的话也是很合适的。"

　　"也好，那就请帮我拿一台吧。"

　　"好的，您稍等。"

　　冷漠型的顾客不喜欢被推销人员打扰，会把销售人员当成一种压力。他们喜欢独自接触商品，也不喜欢听销售人员介绍产品。总会展现出一副什么都不在乎的神情，其实内心很重视商品的细节信息，因此注意力较为集中。

　　在我进行推销的过程中，可以发现这类顾客对推销员常规的销售方式并不买账，况且他们并非真心想要购买产品，要想与之达成交易，就必须让他突然对产品产生兴趣。因此，首先要提起顾客的好奇心，然后突出产品的独有特点，然后再开展进一步的介绍。对于购买意愿不强的顾客，要尽量深入聊天话题，借机创造需求，从而促进交易达成。

8. 刁难型：反问法的太极阵势

对于消费者来说，寻找符合自己心意的商品本是人之常情，但总有一部分人喜欢 "鸡蛋里挑骨头"，他们对产品的功能、外观，以及销售人员的服务都有着严苛的要求。正是因为如此，他们对销售人员也会存在一种排斥心理。有些苛刻的要求甚至令人无法理解，我称这类顾客为 "刁难型"。

我曾在一家清洁用品公司担任销售经理，入职半年后，遇到了一位特别挑剔的顾客，她所顾虑的问题，总会让我产生 "故意刁难" 的感觉。

这位顾客进门之后，根据她光顾的时间，年龄和着装，我判断她是一位家庭主妇。于是迎了上去："这位大姐，有什么可以帮忙的吗？"

她看了我一眼，流露出 "敬而远之" 的表情，冷冷地说："我先看看。"

我察觉到了她的戒备心理，于是没有继续追上去，几分钟之后，她拿起几款家用清洁剂进行比对，我看到了机会，于是试着走了过去："大姐，家用的话，您拿的这款正合适，无论是用量还是价格，都是比较合适的。"

她拿起清洁剂："你这个罐底是凹进去的，这不就相当于少了很多？"

我听到这项疑虑倒有些哭笑不得，但还是耐心解释："大姐，凹底是为了抽出里面的空气。您家里卫生间的地板和洗手台是地板砖和大理石吗？"

"是啊！"

"不知您注意到没有，如果地板砖或大理石台上有水的话，上面的一些瓶瓶罐罐若是平底，总会被水吸在上面，然后跟着水流滑动，甚至还会从台子上掉下来。要是一些瓶瓶罐罐是玻璃的，这一摔就碎了。而我们的清洗剂是凹底，就不会被吸住，况且瓶子是塑料材质的，就算摔了也不会碎的。"

她听完我说的，没有答话，而是继续问道："你这一瓶有些太大了！"

"大姐，这是家用的，量自然会多一些，您要是感觉大瓶用着不方便，我们可以送您一个小空瓶，您用的时候把小空瓶装满，大瓶放在别处，这样用着也方便些。"

"我是说，这么一大瓶我拿着太重了，回家还要坐车呢！"

她这么一说，我倒真的不知该怎么回答了，但还是尽量保持着笑容："这样的话，大姐您不妨拿两小瓶，我给您分开装，您一手提一瓶，这样就能分散一些重量。"

她对我提出的建议依旧没有做出正面回答，而是继续发问："你们这清洁剂好用吗？"

终于问到了一个较为正常的问题："大姐，一般来店里购买清洁剂的客人都会问到它的清洁效果，我们专门设置了一个体验区域，您可以自行操作一下，看看实际的效果。"

之后我把她带到了体验区，让她选择了一块带有可乐污渍的毛巾，引导她先把清洁剂喷在污渍上，静候3分钟之后，再用湿毛巾进行擦拭。

体验完成了，我开始试着反问："您觉得清洁剂的效果怎么样？用起来还方便吧？"

她依旧没有说出满意还是不满意，只是反复看着那块毛巾，从她的神情中，我似乎看出了一些默认的势头，于是便替她做了决定："您刚才说，家用一大瓶太重了，但是拿两小瓶的话，重量、价格上您就有些吃亏了，毕竟量越多，价格就相对越便宜。这样吧，我先把大瓶中的一部分倒进送您的空瓶里，然后再进行分装，您拿起来就轻便多了，您感觉如何？"

她看了看我，似乎很满意这样的安排，点了点头，说了句："也行。"

就此终于达成了交易。

刁难型的顾客总是太过挑剔，他们害怕上当受骗，因此向来小心谨慎。他们所提出的问题和细节，总能超出他人的正常思维，让销售人员异常费解。这是一种心虚的表现，他们只能通过苛刻的问题来打消内心的疑虑。

面对这类顾客，销售人员切忌慌神和发火，虽然是一种刁难，但这并不是只针对你一个人，只有成功应对，才有可能把他们变成自己的真正顾客。对于他们所提出的问题要一一耐心作答，语言要强硬，突出一种可信度，以此来达到消除顾客疑虑的效果。在作答的同时，要把话题往产品的功能、优势、卖点上靠拢，借机介绍产品。可以采用反问法，为顾客提出疑虑并解决疑虑，让其对你产生信任，拉近双方距离，推进交易成功。

销售提问

——精明卖家主导交易方向的隐形推手

在交易行为当中，提问是一个非常容易引起买主兴趣的关键点。因此，利用不断的问话来引导顾客的思维逻辑，就是每一位销售者需要深入学习的问题。而且，提问者可以利用"先发制人"的优势，在问题设置方面做足文章，进而圈定被提问对象的思想范围。

事实证明，很多新手销售员习惯于一股脑地将所有观点全都抛出来，然后以"句号"结束发言，这样的做法显然对于交易的促成是缺乏力度的。假如我们换种思路，在发言结束的时候追加一句"你认为呢"或者"您清楚了吗"，那么结果便会大有不同。

而且，僵持与对峙是交易行为当中极为常见的现象，此时我们打开局面的最佳武器也是提问。一句"我想知道您对此事的看法"，或者是"您有没有觉得更为合适的方案"，都可以让陷入停滞的会谈再度活跃起来。所以说，抛出问题，将压力转移到谈判对象身上去，是销售领域极为常见的技术手段，而它对于销售的引导和推动力量也是不容忽视的。

1. 好问题是打破僵局的第一步

战争中有一种对峙现象，即双方指挥官都不愿意贸然出击，只希望能够通过一些旁敲侧击的方法来获取更多有利信息，然后相机而动。这样一种心理状态在销售场合也是比比皆是，很多时候我们都需要面对一些僵持状态。这种状态或许是对方战略性的自我保护，或许是因为对方本身不善言辞，但是无论如何，作为渴求交易达成的一方，销售者都是需要承担起打破僵局的责任的。更多时候，用巧妙的问话来打开局面就是一个不错的选择。

在金店工作的第二年，我发现自己已经成了那里的"老员工"，这样一种心态也让我有了更平和的心态来审视新同事们通常会犯的错误。当时有一位刚刚从学校出来的小姑娘阿霓，她性格活泼爱说爱笑，工作不忙的时候她就是大家的开心果。但销售并不仅仅只是一门"说话的学问"，同时我们也不能够将"聊天"与"沟通"画上等号。阿霓来到店里的第一个月，她的业绩并不好，因此她也不断地向别人请教。

一次，阿霓对我说："哥，你业绩那么好，为什么不教教我怎么卖货呢？"

我被这句话问得一时摸不着头脑，虽然自己确实在业绩上比较突出，但是要具体来解释理由，似乎又不知道该说些什么。这个时候，一旁的老店员小伟开口说道："你这样问谁都不知道怎么回答，你的问题太宽泛了。"

阿霓不服气，马上回了一句："为什么我的顾客都是些看看就走的，你们身边的都是真正想买的？"

说完这句话之后，阿霓又像是突然明白了什么一样，脑洞大开地冒了一句："难道是你们会变魔术，把好客人都吸到你们那里去吧！"

可以说，就心态而言阿霓还有点童稚化，她刚刚的这一番言语是没有实质意义的。正如小伟说的那样，提问的观点太过宽泛，被提问者无从答起，于是就容易选择回避。而且，在追述的言语当中，阿霓又有点调侃逗乐的意思，这样一来交流的主题很容易就被忽视了。

后来我发现，在平时和客人交流的时候阿霓也是如此，她的提问经常给予了顾客太多的选项，而选择太多就等于"没有选择"。而且，一些缺乏主线和意义的聊天，也让客人们不厌其烦，敷衍她一两句之后就转身离开了。

比如说，当一位客人进店之后，阿霓会很热情地打招呼，然后问："买首饰吗，想要哪一种？"

　　我们来分析这句话，它其中包含了两个问题：第一个是"买首饰吗"，第二个是"想要哪一种"。以一种客观的角度来看，第一个问题的实际意义接近于"0"，这就像是你走进一家快餐店，服务员开口询问你是不是来吃饭的一样。因此我们可以换一种开场白，简单直白地向对方问好即可。

　　第二个问题"想要哪一种"，这其实是一个过于宽泛的提问方式，因此它往往会给予顾客过多的选择而使对方一时不知如何回复。通常而言，较好的方式是提供一些小范围的"选择题"，比如"您给自己买还是送朋友"、"给男士还是女士"等等。这就是说，引导者的思路一定要细致，多给对方一些简单、直达主题的问题，如果粗枝大叶地乱"开炮"，把话语说得太过宽泛会让人无从回复。

　　当然，以上开场白都是一线卖场之中比较常见的，而在一些商务谈判当中，提问式引导也是十分常见的。很多时候，谈判双方会因为种种因素而陷入僵局，作为销售方代表，我们需要做出最快的判断：价格和质量，到底哪一个才是令对方不满的重要因素？又或者，在合作方式上，双方之间存在哪些间隙？待做出有效判断之后，销售方重置相关条件，而后以新策略为协商核心向买方提问，或许就能快速解决问题。

　　我曾经在参与一次商业谈判的时候，合作双方由于产品售价方面的歧义过大而陷入僵局，卖方经理随后一直打感情牌，但是这并不是对方想要得到的结果，于是最后的结果也是不欢而散的。

在销售领域做好提问，一定要把握好几个看起来非常简单，但实际上操作起来却极具难度的原则。其中，利用一些简单而又直达主题的"选择题"，让对方持续思考。或者抓住买方心理就其想要探讨的领域进行提问等都是不错的选择。同时，作为销售引导者，无关紧要的或者过于宽泛的话题并不是好的提问角度，这一点是每一位销售者都需要注意的。

2. 如何利用引导式提问主宰谈判桌

提问是最好的引导，这是我在多年职业生涯当中的真实体会。在销售过程中，我们如果使用好提问的技巧，就可能让一个原本无法达成的交易，最终顺理成章地达成。

在长春工作的时候，我和一位姓曲的销售经理关系很好。这位曲经理业务能力强，同时在引导顾客消费方面也有着非常丰富的经验。一般新销售员为了积累经验或追求成交数量，往往会以在较低的利润区间将产品售卖出去，但是这位曲经理却是不光能卖，还卖得好。在圈内，他还有一个非常经典故事被众多同事"广为传颂"。

当时有一位徐州来的客户想要敲定一笔买卖，公司很多人都认为，这笔生意是徐州的第一单，因此从战略上讲应当是保守的，只要能站住脚即可，利润并不是最终的目的。这样的思路当然是没有问题的，但是很显然，如果既能够稳定住市场，同时又能为公司争取良好的经济效益，那么这毫无疑问才是更好的选择。

作为大家公认的"谈判专家"，曲经理代表公司主持了那次合作谈判。关于那次谈判的其他细节就不再多做介绍，在这里只将曲经理提问的顺序简单勾画出来。

首先，他抛出的第一个问题是"针对以上方案，贵公司觉得有哪些必须要修改的地方"。这一个问题是在双方谈判冷场的时候提出的，对方在听闻这句话语之后也开始私下探讨，并且在本子上不停地勾画。

在征求完对方的意见之后，曲经理又抛出了第二个问题："陈总（对方公司代表）对我，对我的公司投入这么大的信任，于公于私我都应该对陈总表示感谢。这里我再表个态度，申报公司将价位下调5%。陈总您觉得如何？"

从理论上来说，这个问题是带有极强的目的性，它在无形之中将对方拉到了一个自己划定的范围之内。在这一个语意环境之中，对方是受到了极大优惠的，同时曲经理所代表的公司也通过行动表达了对双方合作的期许。按照一般逻辑，对方也做出一定的"表态"也是情理之中的。

以上两个话题结束之后，本次会谈的方案也基本上拟定了，会场的气氛变得轻松起来，而此时曲经理又说了一番看似不经意的话语。他对陈总说："东北是个好地方，地域广阔，各类资源非常丰富，贵公司就没有计划在东北建设市场吗？"

听到这句话之后，陈总当场没有说什么，但是事后却又一次找到了曲经理，并且仔细讨论了东北开设分店的可能性。

可以说，提问是一门技术活，好的问题能够把所有人的注意力都吸引到某一个特定的领域当中来，国际上优秀的推销大师和培训专家甚至可以用问题来控制他人的思维。当然曲经理的这一番问题是无法与国际顶尖销售者相比的，但是在道理上却也是异曲同工。

那么，如何进行引导式提问呢？有以下几个步骤：

第一，了解引导对象的心理状态

我们需要认识到的是，提问式销售或谈判，需要引导者对引导对象的心理状态有清晰的认知。要做到这一点，换位思考就是一个非常好的选择。曲经理在与陈总会谈的时候，曾陷入了尴尬的冷场局面，而发生这样的状况是很少见的。以我的分析，其实这是一种协议即将达成的现象——假如有人觉得条款不恰当，那么他就会指出来，故作沉默其实是一种想要掩盖内心喜悦的表现。

所以，当双方均对结果感到满意的时候，曲经理就需要不动声色地为整个事件再添一把火。很显然，他出色地达到了自己的目的。然而实际运用当中很多年轻代表都会一再强调"我认为"如何如何，或者大都只是考虑本方利益如何落实，这其实对于合作而言是不利的。

第二，弱化引导对象的诉求

引导式提问需要弱化对手脑海之中"我"的概念。这其实是心理博弈当中一种极为常见的现象，很多聪明的谈判专家会通过各种方式，让被引导者忘记了自己的诉求，从而掌控整个谈判。我们来分析曲经理抛出的第二个提问，他主动让出5个百分点的利益，以此询问对方的意见。其实这件生意做成之后，双方即可收获双赢的结局，但是经过曲经理这一番问话，陈总在不知不觉当中陷入了"买方独利"的语境之中。商业运作讲究共赢，因此作为"得利方"，要想再做更多争取也就是"不合适"的了。

第三，点明引导对象心底的意图

引导式提问一定要清楚哪些话语是对方希望提，但却又出于种种原因不能提的。这一点是需要注意的。在和陈总会谈的时候，曲经理就很好地发现了这一点：对方想要在东北开辟更大的市场，但若是将这个想法主动或过早提出，那么这在商业行为当中可能会让自己处于不利的一方。在这个时候，曲经理主动提到这个话题，从一定程度上来说等于是将对方的意图点明，而这样做的战略意义同样也是非常大的。

良好的提问能够将对手置于一个更加适宜的语意环境当中去，还能够很好地缓解气氛、促成交易。当然，在瞬息万变的生意场上，引导式提问并不是时时刻刻存在的，有的时候一句非常不起眼的问话，就能够达到推动整个交易的目的。

3. 征求式提问，温暖自在人心

什么是销售者必备的品质？这一个问题似乎可以拥有很多个答案，而在我看来，在推销过程中保持耐心才是最关键的。与其他行业相比，销售领域的从业者每天需要面对不同的顾客，然后接受各式各样的咨询与质疑，这对于他们的性格要求是非常多的。我自己也见过很多难以沟通的客人，他们似乎将销售者当作敌人来看待，这更让我们的工作雪上加霜。不过，越是在这样的环境之下，我们越需要努力让自己保持足够的耐心，而基于耐心之上的征求式提问方法，更是业界推崇备至的经典法宝之一。

在具体论述自己的理论之前，我想要先向大家讲述这样一个故事：小虎是一名刚刚毕业的大学生，他的电脑知识非常好，同时也找了一份在组装机的售卖工作。一位客人进店之后得到了小虎的热情招待，他卖力地向对方推荐了好几种组机方案，对方也兴致勃勃地和他聊了四十多分钟。

但是眼看着顾客干打雷不下雨，小虎心中也有点着急了，于是便脱口而出一句话："哥，你今天买不买？"

故事到这里我们就可以打住了，因为以我的观点来看，小虎的这句问话是"情理之中"但同时又犯了大忌。因为直接开口询问对方"今天买不买"，是一件令人非常难以回答的事情：如果客人说不买，那么这无疑会将他自己推向鲁提辖买臊子——没事找碴的境地；但是如果客人说买，那么他就必须要承担"底牌曝光"的风险。

而且，从顾客的角度思考，销售者开口问"今天买不买"还是一件非常失礼的事情，因为这代表着对方已经产生了厌倦心理。

但是话说回来，遇见一位聊了大半天的客人，销售者产生急躁情绪也是情有可原的。所以说有关类似事件的处理办法，小虎做得不算"错"，只能说是"有失水准"。

以一名专业推销者的角度来说，同样一些话题，我们换种措辞来讲，就能够很好地起到促成交易的效果。比如说在小虎的故事中，这位年轻的销售员如果能够以征求式的言辞来询问顾客，那么最后的结果就可能会大不相同。因为相对于一般形式的疑问句来说，征求式提问更多会给人一种受尊敬的感觉，这类问句温婉柔和、成熟理性，如果运用得当，必将会立即促成交易。

比如说在上面一则故事当中，销售人员就可以说："近期有一类机子卖的最好，您看看要不要定一件？"

又或者，在面对文化层次较高的精英人群时，我们以更加职业化的口吻询问说："请恕冒昧，为了更好地为您提供服务，我想了解一下您打算什么时候购买？"

通过对比我们可以很直观地看出，征求式问句能够更好地照顾到顾客的情绪，同时还将自己自己的困惑解决。所谓良言一句三冬暖，恶语伤人六月寒，很多时候其实并非我们有意去说一些伤害他人的话语，但是言者无心、听者有意，偶尔一句并不严谨的话就可能造成客户的流失。因此，在无法参透顾客心思的情况下，以征求式提问来探求对方的心中所想其实是一个更为不错的选择。

4. 用"糖衣炮弹"轰开顾客的心理防线

　　我们会遇到一些性格随和的顾客，当然也会被很多个性鲜明的客人搅扰。当面对这部分"不大好说话"的交易对象时，有一则方法可以说是屡试不爽的，业界统称它为"提问式引导销售"，我则为它起了一个还算形象的称谓，那就是"糖衣炮弹"。

　　我想大家都对以下两种现象见惯不怪了：当你向一名陌生人问路的时候，他会很乐意停下脚步，然后告诉你一个方向；当你满怀诚意地询问他人是否会购买自己手中持有的某款产品时，他们多半会毫不犹豫地走开。以上对比可以从一定程度上验证这样一则古训，那就是我们都"好为人师"。

　　同样的道理在销售领域显得更加实用，我们经常会利用一些请教式提问来作为自己的开场白，并据此将客户的思绪紧紧地掌控好。从心理学角度上来讲，虚荣是每个人挣脱不开的"雷区"之一，而"求教式"开场白能够很好地完成破冰任务，并且为双方赢得坚实的亲近感。

我最开始做企业培训的时候，有一家制药企业的人力部主管找到了我。但是这位主管并没有马上对我发出邀请，而是以一种非常高的姿态来考验我。他告诉我说："你给我们公司的销售精英做培训，首先得过我这一关。现在我们之间是一种选择与被选择的关系，我给你三分钟时间，如果你把我说服了，或者把自己'推销'出来了，我就上报公司聘请你；如果没有，那么我只能说遗憾。"

在听对方说话的时候，我早已经根据对方和言语和表情得出了自己的结论：这是一名刚刚升职、或者正处于实习期的普通管理人员，所谓"新官上任三把火"，他努力想要施展一番自己的才华，并且在内心之中是怀着较强的虚荣心。三分钟时间如果我没有符合对方心意的表现，那么我必然是做不成这笔生意的。

我郑重其事地将手表放在桌上，然后开始了自己的陈述。在最后一分钟的时候，我拿出了笔记本，然后对对方说："我的发言已经基本结束了，但是还有另外几个小问题想要通过胡主管了解一下——本次参与培训的人包含哪些部门、一共有多少人，会场预备在哪里？"

对方很快回答了我的问题，我笑着说："胡主管是专业出身吧，这些前提工作都已经做好了。另外，您对企业员工需要培训的项目有什么看法？"

这几个问题打开了对方的话匣子，这位主管不知不觉就和我聊了半个小时，最后的结果可想而知。

实际上我的这次经历也是一次成功的销售工作，只不过传统观念里大家卖的是实实在在的商品，而我则卖的是自己的学识。准确来说，胡主管并不是一名好接触的客户，他的要求非常严格，同时也显得过分冷淡。但是我能够用不易觉察的提问打开双方的沟通渠道，最终顺利地将自己"卖"了出去。这一次成功的推销成为我职业历史当中非常得意的一次，因为我准确地拿捏到了客户的心理，并且借助提问的方式拉近了双方感情，继而为自己争取到了更多的机会。

当然，在面对顾客的时候，并不是所有请教都是有效的，我所要表达的意思应该包含以下几点：

第一，提出的问题必须在对方解答范围之内

这一点是很好解释的，我见过一些初级推销者，他们似乎想要表现自己的实力，于是使用了太多的术语和专业概念，这样的问话只会阻断双方进一步深谈的可能。比如说我问的一些关于内训场地、人员组成的事情，就是对方能够马上对答的。

第二，提问时要注重对方的情绪调动

我们需要询问对方的意见，如果他们能够开口，那么一次良好的沟通也就正式开始了。

第三，需要考虑对方的心理状态

这也是我一再强调的"销售者必须懂心理学"的原因。对于胡主管而言，他想要急切地证明自己，内心之中还充盈着强烈的虚荣心，因此在交流提问的时候我也必须要考虑到这几点。

总之，请教式提问就像是一颗糖衣炮弹，它能够在不知不觉当中诱发顾客的进一步探讨的愿望，进而促进交易的达成。值得再度强调的是，低姿态的求教能够满足对方的虚荣心理，它方便在短时间内拉近双方关系，这对于协议的达成实际上是非常有利的。

5. 提示的强大销售力

我们经常会见到这样一种广告，内容给大致是一个人激情四溢地发出连珠炮："你头疼吗？浑身乏力吗？上课总是无精打采想要睡觉吗？"在问话的结尾，对方会为大家推荐一款商品，并指出该产品就是为大家解除上述一切困惑的"答案"。

对于上面这一种营销方式，很多人是嗤之以鼻的，但从实际效果上来看，它却非常惊人。在一些购物类电视节目当中我们经常能够看到类似售卖方式，而组织类似活动的厂家也大都赚得盆满钵满。在这样一种现象背后，我们理应得到一种启示，那就是在推销的过程中，我们可以借助提问的方式来给买家传递一定的提示。

在长春工作的时候，我带着一个12人的小团队。在闲暇之余，我经常会带大家去逛超市、逛商场。但是这样做绝对不是偷懒耍滑，而是说我希望通过一些生活化的场景，让自己的团队真切领悟到一些与工作相关的事情。

每次逛完商场出来，我们总是能够发现有的人买了很多东西，而有的人什么也不买。在聊天的时候，大家就会分享自己在购物当中遇到的某些人或事，而"买不买"的原因也就从中展露出来了。

有一次"商场观光"之后，我发现一名叫做任雪的姑娘买了一只崭新的拉杆箱。当大家把这只箱子打开之后，才发现里面还有一大堆化妆品。

实际上，任雪这一次只是想买一支口红，但是当导购员源源不断的提问，让她开始了疯狂的购物之旅。比如说，在买到一支口红之后，导购又问："你有没有眉笔？我们这里有意大利款式的眉笔，我自己都买了一套呢！"

买好眉笔之后，导购员又问她说："粉底有吗？粉底要买好的，不然对皮肤刺激很大……"

这样一来二去，任雪又多买了粉底和眼影，还有三盒卸妆棉。就在任雪准备去结账的时候，这位导购员又说："等等看是不是还落下了什么？"

这一句话，就问出了一只拉杆箱，因为任雪这次买的东西实在是太多了。看到这一幕，同事们纷纷抱怨任雪"是被人忽悠了"，但是我却认为这是一次很好的经历，因为它在不知不觉当中为这些年轻人们传授了销售的技巧。

事实证明，大多数客人在购物的时候，他们的思维都是处于"混沌状态"的。如何定义这个"混沌"呢？比如说我们在炒菜的时候发现没油了，于是赶快关掉火，急急忙忙买来一瓶油倒入锅中。在这个时候，我们的目的性是非常明显的，因此对自己的行动和选择有着清晰的认知。这种状态就是"清晰"的，而"混沌状态"就恰好与之相反。

走进饭店之后，很多人半天点不出餐；在品牌店里，不少客人左顾右盼。这些其实都是"思维混沌"的表现。对于这一类客人，推销者需要做的，就是用问题去点拨、引导他们。以任雪为例，她最初逛商场的时候并没有"一定要买粉底"的想法——如果有，那么她会一开始就买下粉底而不是等导购者推荐。因此，任雪的购买意愿是无逻辑的，或者说"充满无限可能"。在这样的状态之下，导购员彬彬有礼地提问"是否还需要粉底"，实际上就起到了良好的启发效果。又或者我们用一种非常极端的方式来表达：假如导购员不做出这样的提问，卖主就不会产生购买的意识。

所以说，好的提问，是能够起到良好的启发作用。甚至在特定的条件之下，这些问话还能让购买者产生强烈的共鸣。就比如说我们在电视广告当中经常看到的一样，广告语问"你总是感到无精打采吗"，观看电视的人很容易就会下意识地检查一下自己是否存在类似状况，很多身体素质较差的人还会因此受到误导，进而"真的"认为自己的身体出现了某些状况。

当然，提示性问话，一定要懂得"察言观色"。在面对一些目的性突出、逻辑清晰的顾客时，我们就不应当做出过多的提示或问话。而哪些走走看看、犹豫踟蹰的人，大都是不错的选择。

要知道，买马的人不一定有马鞍；推荐了马鞍之后我们可以顺带问他们是否需要草料；草料齐备之后店里还有上好的马掌，如此等等。尤其是在车辆买卖、家庭装修等行业，买主的心情大都是愉快、充满期盼的，所以销售者趁热打铁推出一些附带品其实是非常明智的。而且，不少消费者在购物过程中都处于"混沌"状态，服务人员的提示让他们避免了"一次买不够"的缺憾，这其实是一个双赢的结局。

6. 提问加逻辑，一道美味推销菜

有这样一个故事，酒鬼问神父说："我在祈祷的时候可以喝酒吗？"神父果断地回答说："不，你不可以这样做。"而酒鬼又问说："那么，我在喝酒的时候可以祈祷吗？"神父又回答说："可以。"实际上"在祈祷的时候喝酒"与"在喝酒的时候祈祷"完全是一回事，但是由于话术技巧的介入，听者就捕获到了不一样的感觉。所以说好的提问其实是一种"逻辑的博弈"，当我们使用了正确的问话技巧时，就能够顺利实现销售的目的。

在这里我们可以假设出这样一种场景：商家为了促销，使用捆绑式销售将摩托和自行车"绑在了一起"。如果单独销售，摩托的价格是2500元，山地自行车的价格是700元，但是二者捆绑的促销价，就是2800元。

按照常规逻辑，销售者对潜在买家应当传递的是这些话语："摩托自行车大礼包！2800带回家，来一套不？"

这个宣传从一定程度上而言是合适的，但是在实际销售中，我们却容易遇到另外一些意想不到的状况。比如说，有的客户原本就只是想要购买一辆摩托车，或者他的家中已经有了自行车，那么这种组合似乎就显得"鸡肋"了。

其实面对这一类消费者，我们使用一些逻辑层面的提问与引导，就能够扭转对方的思维。比如说有客人不断打问摩托车的牌子和价格，我们可以通过以下几种沟通方式与之交流：

（1）加1元钱送自行车

"XX牌摩托车2799元一辆，用户反馈最好了。刚好商场搞活动，再加1元钱我们还会送您一辆XX牌山地自行车，您觉得怎么样？"

（2）买自行车送摩托车

"现在厂家搞活动，2800元您买一辆XX牌山地自行车，送您一辆XX摩托！这个优惠力度太实在了，来一辆吧？"

总结一下，我们一共可以有3种话术，提问的方式也大同小异，但是其中穿插的逻辑确实各有不同的。首先说第一种，直接宣布"摩托车自行车一起买有优惠"，它的优点是我们准确地喊出了本次活动的促销目的，但缺点也异常明显：市场对于捆绑式营销的排斥性，以及顾客对捆绑内容的认同感等等，都会对本次销售产生不利影响。

第二种说"加一元赠送自行车"的话术，它的优点是相对较多的。首先需要说明的是，大多数听到这番话的顾客会将注意力集中在"加一元钱送自行车"上面，这就是销售界里一个非常著名的现象，我暂时将其称为"印象加深"。在"印象加深"心理状态下，他们会觉得自己是得益的一方。也就是说这种逻辑思维之下，顾客是会产生"自己占了便宜"的判断。

另外有一点需要向大家解释的是，大额交易之中，往往几百元的差距不会引起人们的注意，所以这也是我将一辆原价2500元的摩托喊到2799元的理由。而且，我们也不必担心是否会有人真的只愿意出2799元买一辆摩托——如果真的有，那么卖家赚到的利润实际上是更多的。

第三种"买自行车送摩托"的论述方式，会从潜意识里给顾客带来一种"自行车质量很高，摩托是赠品"的逻辑猜想。这种话术的好处就是，顾客获得了一种"做活动别人送了一辆摩托车"的宽慰感。

不同的角度和提问方式，会让消费者产生不同的逻辑思维。"捆绑式营销提问"，对于消费者而言会产生"被套路"的感觉，而随后的"加一元买赠"和"买一赠一"，虽然在内容上毫无差别，但却能够从一定程度上给顾客带来"得利"的感觉。因此，在提问式推销的过程中，我们通过对语言逻辑的变换，同样也可以产生意想不到的结果。

7. 借助问题的力量完美封堵对方思路

用问题来引导他人思维是每一名销售者必须学习的基本功，因为从理论角度来说，问题的抛出就相当于博弈体系之中的"攻"，因此被提问者务必须要通过思考来还击。而思考的过程，往往是需要围绕这个问题展开的，如此一来，被提问者的思维其实也就被限定住了。

2012年我出差到成都，当地的火锅底料天下闻名，所以我也想带几包回去给亲朋好友尝尝。不巧的是，这一次到成都我是一人去的，当地的朋友也恰好外出，因此买底料的时候我只能凭借自己的感觉，进了一家生意不错的火锅店。

找了一个机会，我向老板表达了一下自己想要买几份辣锅底料带回去的想法。在确认了我的意愿之后，老板坐了下来，给了我一个报价：一份110元，四份打个折算400元。很显然，这个价格是我不能接受的，因为单点一个锅底也就几十元钱。但是很快，这位老板就用他的连珠炮式提问扭转了我的思维。

他说道："你带底料回去是要送人，是嘞？"

我点了点头，说："对，但是这个价格太高了，我去超市里买，价格要比你的低太多。"

"我这一包料小锅可以煮三锅，大锅也能煮两锅！我们自己吃的时候，一锅汤可以煮三次，超市里的小锅煮一次就用不得了，你说嘞个便宜？"

一包料分三锅，一锅最多可以煮三次，这样一算确实也没有贵太多。这个时候，那位老板从厨房里取了几根辣椒出来扔到我面前，对我说道："你看我这个辣椒，地道得很！"

四川火锅在用料方面非常讲究，这一点确实令我佩服不已。而且吃火锅辣椒用得不好，的确也是一件非常败兴的事情。看到我没有说话，老板又飞快地向我讲了自家火锅底料的几个特点，如何好吃、回头客多等等。到了最后，他又补充了几句："超市里的确实便宜，但是你拿出去送人的东西不能太次，对头？超市里塑料包装的底料，都是好久以前炒出来的不新鲜，是嘞？我这里给你炒，你想要啥子口味都可以给我说，是嘞？"

"你给个公道点的价。"

"我给你便宜卖也可以，但是你要晓得，我便宜卖就有便宜卖的想法。我给你30块钱炒一包料，里头啥都没有，你说值不值？"

我笑了起来，最终答应了老板给出的价格，支付200元订金，预订了4大包火锅底料。其实从价格上来说，花400元买几包火锅底料是有欠考虑的，这个汤料确实煮三次依然香浓，但是这样做并不卫生，大家在用过一次之后就把汤料倒掉了。但是无论如何，这位老板的推销技巧还是值得称赞的，他用一次次的问话紧紧地牵制住了我的思路，而我只要按照他的方向继续走下去，就会无可避免地陷落到于自身不利的逻辑环境当中去。

在这里，我觉得有必要将这位老板的提问方法整理一下，以便让自己的论述更为清晰：

第一，使用肯定句式

这位老板习惯于用"是噻"这个字眼来结尾。按照普通话，就是"对不"或者"对吧"之类。这种言语通常伴随的是"无可辩驳的道理"，比如说"狮子是肉食动物""一加一等于二"等等。同样的道理，"你说如何如何"的反问句式，也能够达到相同的效果。

这种问话方式的优点就是它可以迅速增强发问者的气场，在短时间内令发问者掌控对峙局面。我们将火锅店老板的问题归纳一下，就会发现他的意思就是这样的："我的辣椒是优质的，对不对？""我炒出来的料是新鲜的，对不对？""我炒的底料你做成什么口味都可以，对不对？"

如此等等其实都在营造一种气氛，那就是卖家总是正确的，买主会在交易中获得很多好处。而且，有经验的推销员会抓住顾客刚刚说的某一种观点来佐证自己的言论，这种借力打力的方法让人更加招架不住。

第二，强调关键词

在利用问题封堵他人思路的时候，我们需要站在对方的角度来思考问题。比如说那位火锅店老板，他在向我发问的时候，就不断用"口味""地道""新鲜"等我非常关注的点来引导我的思路。

第三，核心立足点

东拉西扯的问话往往会让己方丧失主动权。在交完定金的那天晚上，我的心中其实是有一点不满足的，因为在做决定之前我应当"货比三家"。但是那位老板紧锣密鼓的一通连珠炮，将我的注意力和思维完全限定在了火锅底料"新不新鲜""口味用料是不是很好"等方面。这种状态，我甚至可以将其称为"思维受控"。

总体而言，用提问来控制对方思维是交易行为当中极为常见的技巧之一，强大的压迫性是它的重要优势。在很多时候，我们不断地从对手的言行当中筛选出弱点，进而源源不断地以疑问的方式来进行推理论证。这种博弈方式的威力是巨大的，而要做好这一点，站到对方的角度去思考问题就是非常重要的一点了。而且，使用类似的疑问，一定要发挥那位老板一样的"连珠炮精神"，因为在不断向对方提问的同时，我们也就封堵住了顾客"另作他选"的思维空间。

策略引导

——金牌销售员暗布"天罗地网"的绝招

销售策略存在于销售计划的层面，包含了产品的4P（产品、价格、渠道、促销）。销售策略为达到销售目的而形成，各种因素的组合没有最佳之说，只有最适合。

销售策略能够从一定角度上显示出企业产品以及服务投放市场的理念，随着市场的不断成熟，销售策略的方式也在逐步变化，被总结为电话、网络、会议、关系、捆绑、连锁销售。策略引导能够遵循销售人员的意向，根据顾客的特征，制定出相应的策略方案，从而促进交易的达成。

销售工作关系着企业的业绩，销售策略的制定就显得尤为重要，因此，这必定是一个长期的、整体的，并且具有阶段性目标的思考。

1. 神奇的"化整为零大法"

在销售领域，价格一直是阻碍交易形成的重要因素。不过，在谈判僵持不下的情境之下，销售员在价格上过早做出让步并不是一个正确的决定，因为这样做只会让客人认为该商品的标价虚高。在这里，通过策略将过高的售价分摊开来，就是我所要介绍的"化整为零大法"了。

2015年，我认识了一位开金店的同乡，他姓刘。在得知我现在的工作之后，他开始时不时地向我咨询一些关于金饰销售的业务。抵不过刘老板的盛情相邀，我只好抽空去他的店铺里"坐了坐"。

这间商铺紧挨着城市主干道，地理位置很好，里面有三个雇员。我看了看展柜里的金饰，价格从几百到十几万的都有。大致闲聊了几句之后，刘老板就开始向我倾诉："别看我有一家金店，但是一个月的营业额却不高，账面流水看着不错，但利润却少得可怜。除去给员工开的工资，我一个月赚的钱就勉强够个生活费了。"

我说道："其实你这里的客流量还是很大的，但是成单率太低了。我刚刚整体转了一下，你的店员不太会拉拢客人，货都是要推才能卖出去的，光是站在那里回答一下顾客的问题可不行。而且，贵金属行业本来就消费较高，不会一点话术是很难做好的。"

一边说着，我一边和老板在各个柜台附近走了一圈。我指着柜台里的一根项链，问他说："这根项链，标价3988元，我按照当前的金价和克数算了一下，算上加工费和其他成本，你这个应该是低价了。"

"这条链子问的多买的少，我一开始的定价其实比这个高，但是一直卖不动。"

我笑了，回答他说："其实问题不在于你降价多少，而是整个城市的消费水平你没有注意过。你这里一碗青菜面6元，居民平均消费水平并不高，所以愿意一口气花四千块钱买金项链的人肯定不多。但是从市场角度来说，你这里的金饰价格还算偏低的，那么货卖不动，就必须要从话术策略上进行分析。如果是我，我会考虑两个策略，一个是银行分期购，另一个是培养员工话术技巧。比如说如果我是导购员，我就会对自己的客户说'这条链子卖4000元，确实看着挺贵，但是黄金是不易磨损金属，一百年后它也不会消失不见。一百年有36500天，这条链子4000元，平均一天也就一角钱'。如此等等。"

将巨大的金额以某种方式平均分配，这其实是销售领域一个极其常见的技巧，它的好处就是能够对潜在购买者起到心理宽慰的作用。

大部分消费者在购买高价产品的时候都会犹豫不决，假如在这个时候，推销员利用化整为零的技巧对顾客进行引导，往往就能够起到意想不到的结果。事实证明，我为刘老板推荐的策略技巧确实起到了作用，2016年春节的时候，我收到了对方发来的短信，他在短信中告诉我今年他的店铺增收不少，员工流动性也降低了。对此，我深表欣慰。

从客户心理来说，他们看到的商品价格是"显性"的，过高的售价会给他们带来巨大的排斥力。然而我们买入某一件产品，尤其是能够长期持有的物品，其"耐久性"往往确实被忽视的。这个时候，利用化整为零的策略来引导对方是最为有效的。比如说一张健身房的会员年卡需要3000元，如果用一次性消费来描述就是3000元/次，但是我们用化整为零的方法，使用"天"来衡量就是3000÷365=8.21元。

化整为零的方法其实在商业领域已经衍生出"多种形式"，比如贷款买房里的按揭、手机电脑的分期购等等，都是化整为零被具体应用的表现。从客户的角度来说，化整为零就像是温水煮青蛙，它以一种渐变式的策略引导替代了剧烈突变，最终使原本被会被厌弃的事件变得易于接受。

2. "吸粉"最强的策略引导——共鸣

我们无法做到让所有人都喜欢吃橙子，因为每个人都有自己的生活习惯。所以必须习惯一些不认同自己的观点，企业也要认清并非所有目标顾客都会喜欢自己产品的事实。

但是，如果意见相左，我们可以尽最大的努力得到尽可能多的人的认可。无法满足所有人的要求，在个性化生产的基础上，企业可以迎合尽可能多的顾客的意愿。

怎样的故事最打动人心？悲情、遗憾，还是感人至深？其实在用这些形容词表述的同时，我们也把自己带入到了情感当中，正因为内心有着相类的情感，所以才会触发其中蕴含的情感，找到与故事的共鸣。

在前面章节中，我提到了销售人员要用真情实感去打动顾客，虽然情感是相互的，但是双方情感的传播速度却并不是平衡的。有时候，销售人员的热情洋溢在顾客看来，不过是一厢情愿罢了。或许我们付出了十分的热情，顾客却只表现出了三分的兴趣。所以我们才会要求销售人员要真诚，真诚再真诚，以获取更多的顾客热情。但这终归是一个比例失衡的做法，我们需要一种在有限的精力、时间内，尽可能多的获取消费者情感的方法，这就是我接下来要说的内容——共鸣。

共鸣作用在销售策略上，便可称为情感营销策略。采用情感营销策略的企业，善于把消费者的个人情感和需求作为品牌战略的核心。在情感的基础上进行包装、促销、设计、打广告。

如今的市场已经进入了一个情感消费的时代，消费者所看重的已经不再是商品的价格和质量，而是一种情感上的满足和心理上的认同。情感营销策略利用情感激起消费者的相关需求，引出其心灵上的共鸣。

在长春的培训活动上，我曾经举过几个情感营销的案例，其中有一些音乐广告，诸如康美药业诉说青梅竹马的《康美之恋》；隆力奇彰显跨越国界爱恋的《江南之恋》；五粮液演绎仙侠情怀的《爱到春潮滚滚来》。也有一些微电影广告，例如情感营销，触动心灵的金士顿《A Memory to Remember记忆月台篇》；百事可乐亲情重聚，《家有儿女》原班人马，外加林更新演绎的《17把乐带回家》；益达推出让爱驻足还是行在路上的《酸甜苦辣》……

与一般的电视广告相比，这些新颖吸睛的营销广告能够被赋予更多的情感，增大了捕捉消费者情感认同的信息范围。

2016年5月，我受青岛一所高校所邀，为其经贸系市场营销专业的应届毕业生进行一场职场主题的演讲，让即将踏出校门，走向社会的孩子们做好心理和人生的准备。今天下着小雨，中午休息的时候，我来到学校前门吃饭，这里有很多餐饮店，也有几家饮吧，我发现其中一家饮吧的生意特别好，该店铺所处的位置有些偏离大门，按理说生意应该不如前面几家，为了弄清楚原因，我决定吃完饭过去看一看。

刚刚走近饮吧，就发现其门上的霓虹灯正在不住的闪烁，伴着阴雨天的暗色，灯里的字眼变得异常明显"毕业了，我不喜欢下雨天……除非喝一杯罗密欧。"我的目光落在了前一句话上，后面的省略号摄人心魄。因为上午的演说，心里多少也浸入了一些学生们对毕业的伤感情怀，我都如此，想必即将面临毕业的学生们更是感同身受。至于后面那句中的"罗密欧"，是店里今天正在打折促销的茶品。

饮吧的情感营销对我形成了很大触动，这也可以理解为是共鸣的力量。情感营销策略不用销售人员过多表示什么，只要营造出一定的情感氛围，将顾客的情感带入进来，顾客自己就可以说服自己进行购买。

3. 最好的产品：未见其人，先闻其声

金杯银杯不如口碑，口碑对企业来说，是一种形象的象征，是顾客对自己的认可。口碑式营销策略便是利用顾客的评价，来形成自己的品牌价值，从而促进销售活动发展。通常情况下，企业会鼓励消费者对产品、服务以及企业形象展开交流和谈论，同时鼓励消费者向身边的人介绍企业的有关情况。

但是口碑传播建立在消费者主导的基础上，企业如何才能作用在消费者的意愿上，使之给出正面的口碑评价呢？对此，一些社交媒体的兴起，为企业开展口碑策略营销提供了大量平台，消费者们零零散散的评价，就构成了企业的口碑。但是评价还是取决于消费者，企业仍旧无法占据主动。在我看来，企业可以制造一些"噱头"，引导客户参与，达到营销目的。

还是那次在青岛的演讲，在最后一个小时里，我把时间交给了学生们，让他们分享自己的经历，去寻找生活中的经典营销案例。其中，一位女生讲述了一个令全校学生印象深刻的例子。

学校前面有一家食品超市，主营产品是一些零食和饮料。店里时不时会有三五成群的学生前来购物，生意不冷清，但也不热闹。有一天，超市突然关门了，门上贴了一张字条，写着：六一儿童节，来XXX坐时光机！右下角附着一个二维码，并写着"揭密大作战"。XXX是超市的名字，这仅有的信息令人摸不着头脑，到底是想传达什么意思呢？"时光机"又是怎样的呢？

很快，这个消息连带图片便在校网上出现了，同时在朋友圈和QQ空间里，也随处可见它们的身影。一时之间，全校的人都在讨论这家超市的葫芦里到底卖的什么药？距离六一还有一个星期的时间，答案似乎只能等到那时才能知晓。

在这期间，一些社团活动及学生会议上，这家超市的"噱头"也随处可见，点开二维码之后，不同手机客户端会收获不同的信息碎片，引得学生们纷纷交换信息以猜测真相。其"名头"还通过微博传到了校外。而这家超市已经成功把目标顾客的兴趣引导了出来。

终于到了万众期待的那天，这家超市早早开门了，但是里面没有任何商品，打开门之后，又一堵黑漆色的墙挡在眼前，上面画着繁星，如同整个星空，在正中央的位置上，有一架形似火箭的机器，中间有一扇自动门，看上去也是漆黑一片。同学们恍然大悟，这应该就是"时光机"了，中间的门应该是"传送门"吧。

随后，同学们带着好奇心纷纷穿越了传送门，里面的一番景象似乎一下子回到了十几年前，一些小时候吃过的、喝过的、玩过的东西映入眼帘，引得同学们阵阵惊呼。不到一天时间，这些带有童年味道的商品就几乎售罄了。并且这家超市表示"时光机"和"童年味道"会酌情保留，如果大家希望保留的话，在评论区留言。最后通过少数服从多数的原则，决定去留。倘若这些模式和商品被保留下来，那么超市会在"时光机"上开两道门，一道穿梭到过去，寻找童年味道，一道去往当下，选购时下的商品。

最后，这种模式被保留下来了。演讲结束后，我特意去这家超市转了转，果然如同学们所说，当真是一则创意成功的案例。

在正常的营销思维中，销售人员总是极力向消费者推销产品，然后是消费者根据自身的需求，决定要不要购买。但这家超市打破了传统，它甚至连产品都没有透露给消费者，却成功地吸引了他们的目光。所谓的口碑营销也是建立在产品和服务的基础上，但是这家超市却连这个基础都省略了，支撑口碑的，仅仅是一个吸引人的"噱头"。

我们形容一个人备受瞩目，受到重视的时候，常常借用曹公的写作方法——未见其人，先闻其声。一个好的产品也是如此，如果能够引导顾客在不知道产品是什么的时候就对其充满兴趣，那达成交易也就顺理成章了。

4. 成交速成法：把顾客变成销售员

听别人说千遍万遍，不如自己实践一遍。消费者与卖家通常是站在对立的层面，对于卖家的说辞，消费者多半会选择不相信。以至于说的越多，反感越大。

都说销售是一个靠口才吃饭的职业，但口才好不代表要滔滔不绝。在策略引导层面，有一个不同于常规的销售法则——少说多做。这里有必要解释一番，少说自然指的是销售人员不必滔滔不绝的夸夸其谈。而多做则是引导鼓励消费者自己去体验产品。所以此处的策略引导指的是体验营销策略。

企业之所以会重视体验营销，原因主要体现在以下几个方面：

（1）消费者日渐提高的情感需求。

（2）消费者价值观念与信念的变化。

（3）消费需求正在朝着差异化、个性化、多样化的方向发展。

（4）情感性利益成为消费者深切关注的对象。

不管销售人员如何夸赞自己的产品，对于顾客来说都是耳听为虚罢了。倘若能使消费者亲自体验产品，并且引导消费者自己说出体验之后的感觉，无论喜欢还是讨厌，消费者内心对产品都形成了一个较为深入的了解。这时候，消费人员再上前补充解说，自然可以赢得消费者的信任，促进交易达成。

我有一位朋友，生活富足但很勤俭，不会花一些"冤枉钱"去买非必需品，但却花了近一万元买了一台按摩椅。我有些好奇，便问了问原因。在我听来，好像是一时头脑发热所做的决定，但他似乎认为买的"理所应当"。

朋友跟妻子一同去逛商场的时候，让他在商场里等候，他看到前面卖按摩椅的展位，似乎有位置可以坐，便与妻子约好在那里等她。

朋友进去之后，本想借着进来看看的名义进去休息一下，但没想到的是，并没销售人员前来打招呼。朋友看到柜台处有一位挂工牌的小伙子，年龄不大，似乎在记录什么。走上前去问道："请问，我可以在这里休息一下吗？"

"先生您好，休息的话您先在椅子上坐会儿吧，这里没有别的可以休息的板凳。"

"按摩椅可以坐吗？"

"可以的先生，那几位顾客也是进来休息的。开关在右首边，您可以体验一下。"

朋友听完说了声谢谢，便坐到了按摩椅上。并且表示按摩的过程还是很舒服的。在这期间，他发现那名年轻人在逐个向顾客询问什么，还一边记录。然后，似乎说了声谢谢便到了另一位顾客身边。最后终于来到了自己跟前。

在开口之前，这位小伙子似乎有些不好意思："先生，我刚刚入职，对这些按摩椅也不是很了解，有时候顾客问起功效的时候，我也无法全面的说出来。这些也是主管要考察的，我虽然也体验过，但是自己的感觉毕竟代表不了大众，所以想请您帮个忙，谈谈您坐按摩椅的感受，好让我对了解做些补充。"

"没问题啊，小伙子刚刚工作挺有干劲儿的！"

"谢谢您了，那你说一下您的感受吧，好的坏的都行。"

在接下来的时间中，朋友说了一些自己的感受，这位年轻的销售员也在笔记上飞快的记录着。

"差不多就是这些了，毕竟我体验的时间也不长。"

"您提供的信息已经够多了，先生。在您看来，这按摩椅的长期功效会如何呢？"

朋友对长期使用按摩椅的好处又做了一番畅想，这位销售员，也把自己体验按摩椅的感受与朋友分享了。这时候朋友的妻子购物回来了，朋友便让妻子也体验了一番。妻子表示跑了很多地方，身上正酸痛着，一按摩似乎轻松了许多。朋友与妻子在店铺里又待了十几分钟，不知不觉就讨论到价格上去了，看到价格位表是9980元，两人有些犹豫。这时候，那位销售员依然在同别的顾客交流心得。朋友与妻子商量，还是上前问一下吧。

"你好，请问这套按摩椅有什么优惠活动吗？"

"最近没有搞什么活动，但是会员的话，倒是可以打八五折。"

因为他们时常到商场来购物，所以妻子早就办了一张会员卡。就这样，夫妻两人糊里糊涂地买了一台按摩椅。

在这个故事当中，买卖双方的角色似乎彻底调换了，销售人员从未介绍过按摩椅的功效，到是反过来向顾客"请教"了诸多问题。消费者可能会质疑销售人员所说的话，但对自己的观点却会深信不疑。

销售人员从一开始就没有招呼顾客的行为，而是让顾客自行体验，留给顾客足够的时间和空间去了解产品。最后也没有催促成交，以朋友的性格，倘若与妻子讨论价格的时候，销售人员前来询问交易，那朋友一定会选择转身离开。但是销售人员却没有要成交的意思，这就把要不要购买的想法全部推给了顾客本人，吊起了顾客的胃口，似乎非要说上一句话，听到一句报价才甘心。一个最不像销售人员的销售员却做成了一笔订单，这就是体验营销策略的魅力所在。

5. 打折策略，你是否用对了？

很多商品都存在打折促销活动，一般都会借着店庆、节日、周末的时点进行，并且多存在于电铺门面和一些步行街。这种活动存在一定的时效性，以吸引顾客抓紧时间购买。然而，并非所有卖家都能运用好这一营销手段。

记得之前逛步行街的时候，有一家店铺门外放置了一个音响，里面不断重复播放：大型超市转行，一次性在此清仓，店内商品一律19元，最后三天，机会不容错过。这样的广告听上去却是存在一定的诱惑性，即便是没有什么需求，没有急事的话，也会选择进去看看。在闲逛的过程中，或许就会看到一两件"还不错"的商品，然后就掏钱买了。这与之前所讲的类似，都是"未见其人，先闻其声"的手段。

然而，这种"吆喝"却存在一些套路，因为很多听过这段广告的人发现，三天之后，音响依然在重复着。这就有些欺骗消费者的嫌疑了，作为一种营销手段，这样的投机取巧或许只对第一次听见广告的顾客有效，但对于听过多次的顾客来说，只会招致反感和不信任。

这让我想起了小区楼下的一家服装店，也是有一个音响在重复"每件衣服打九折"的信息，刚刚住进去的时候感觉挺好的，以后买衣服也方便，还打折。可一年之后，那家店里的衣服仍旧在打九折，给人的感觉就像是没打折一样。我再也没有在那家店里买过衣服。

有个周末，我去商场购物。在三楼有一排休息座椅，旁边是一家时尚服装店。我坐在椅子上休息的时候，一位女顾客正在这家服装店门外打电话，听口气应该是打给自己的朋友，电话内容大概是：快点过来，这边搞活动，很合算……挂完电话便又匆匆进店了。这引起了我的好奇心，作为一名销售讲师，我很想见识不同的营销手段，于是打算进去看看。

服装店门口立着一个广告牌，上面清晰地写着某些打折促销的服装款式，包括打几折，哪个时间段。看来打折活动并不是针对所有服装，也不是每一天都打折，甚至有的服装只打折几个小时。时间标的非常清楚，到点之后，收款机自动恢复原价。

看来我不用进去了，我想了解的在广告牌上都已经注明了。"限定时间段"的折扣策略信息明确、可信度高、紧迫性强，更容易引导顾客迅速执行购买行为。

虽然执行这项策略的是大型商场中的品牌服装店，但这种策略同样适用普通门店店铺和步行街店铺。选择正确的折扣策略，为消费者提供真实清晰的折扣信息，这样才能获得消费者的青睐。

6. 销售禁忌：给顾客第三种选择

　　生活中所陈列的商品总是琳琅满目，为了满足消费者日益增长的购物需求，产品更加趋向于多样化。一种产品往往会出现多个种类，在扩大了消费者选择空间的同时，却带来了如何选择的问题。

　　记得我做加湿器销售的时候，对一位同事的印象特别深刻，这位同事名叫艾米，她能够把每一款加湿器的功效、特点记得清清楚楚，当时，公司的加湿器款式很多，一有顾客光顾，她都能把每一款详细的介绍出来。但艾米的业绩却并不乐观，我很不明白，为什么努力与成果没有成正比？后来我也没有机会与她聊天，不久后她便离职了。

　　几天后，我与老板聊起艾米，老板也表现出了惋惜的神色，最后说道："艾米是一位努力的员工，只不过方向永远是比努力重要的。"

　　当时的我没有听懂老板的话，便询问了具体的原因。老板表示，消费者在购物时，往往处在一种矛盾的状态之下，加上产品种类繁多，时常不知道应该买哪一个，艾米能够熟知所有的产品，具备了一位优秀员工的潜质，但是她在销售活动中却无法好好运用，所以算不上一个合格的销售员。

顾客想买加湿器，艾米就把所有的款式都介绍一番，这样一来没有重点，顾客便会觉得那个都挺好，可是买哪一个呢？一旦顾客产生了难以做出决定的困惑，便会萌生出排斥的心理，既然不知如何选择，索性就不买了，换一家吧。于是到手的订单就这样流失了。

所以我们会发现这样一个现象，市场上的商品种类增多了，顾客可选择的商品也增加了，但是购买行为却在一定程度上变犹豫了。

要想让顾客果断开展购买行为，作为销售人员，就要学会"限制"顾客的选择范围：

第一，明确顾客需求

比如加湿器想要家用的，还是办公、大型的还是小巧的、多大功率的、可接受价格范围等条件。

第二，选取一种款式

根据顾客提出的条件选取一种款式。若想增强可比性，可以推荐两种。切记不要推荐第三种，二选一往往较为果断，多于两种，顾客便会陷入"选择困难症"的旋涡，出现犹豫，甚至放弃购买行为的意愿。

第三，引导顾客做出选择

在引导顾客做出选择后，针对选出来的商品进行详细分析，帮助顾客强化选择的正确性。以促进交易达成。

采用缩小选择范围的策略进行销售活动，不仅能够尽快把顾客引向目标产品，强化顾客够买意愿，还能节省交易时间，储存销售人员的工作精力。

销售暗示

——借助潜意识的力量拿下客户

销售暗示在很大意义上属于潜意识营销，其发起的主体是销售人员，承受的客体是消费者，经由的渠道是销售人员对产品、营销模式以及销售场地的一番研究，而形成的结果便是消费者的整体感受。

销售人员在引导消费者形成特定感受的同时，最主要的任务就是要将这些感受达到有效量化。让消费者对产品形成一种"突如其来"的好感。就学术上而言，潜意识营销是利用人们的"阈下知觉"进行的营销。

在营销策略中，潜意识营销虽然很少被提及，但在一些成功的营销活动中，却总是会时不时地闪过这项营销手段的影子。

潜意识营销所形成的阈下知觉一经建立，便会形成大批量的忠实顾客，消费者在潜意识销售的影响下，会把过程中所有的消费行为，当成自身的主观决定，认为这是自己的体验和个性使然，而与销售人员的推销并无关系。

与此同时，潜意识营销具有较强的隐蔽性，并且存在极高的介入壁垒，其营销手段的形成往往需要专业人士的参与和研究，所以具有高度的不可复制性，因此能够帮助企业占据良好的市场地位，也可以确保销售人员的相关地位。

1. 不得不知的销售暗示力量

心理暗示，是一种心理学术语，是指我们接触他人或外界的环境、情绪、观念、判断、愿望影响的心理特点。

在生活当中，人们为了追寻成功，或逃避痛苦，总会通过心理暗示的方式来安慰自己。这是一种无意识的自我保护能力。

暗示总是时时处处存在的，电视上和手机推送的广告便是一种暗示形式。这些暗示会在无意识当中，潜入人们的潜意识。信息的循环性和多频性就会在潜意识当中积累下来，然后左右人们的购买意向。

在销售领域，商家经常会通过销售暗示的手段来提高销量。比如，在影院播放电影的过程中，突然插入了一条可乐的广告，广告时间非常短，以至于观影的顾客都没有反应过来。很显然，顾客对这条广告的印象很短，甚至记不清具体的广告内容，但是却知道那是一则可乐广告。于是电影放映结束后，门口的可乐卖的出奇得好。

很多商家都会赞助一些热播电视剧，在手机上观看电视剧的时候，往往前几秒都会提一下赞助商的产品，这则广告时间很多，甚至只有一句台词，但就是这一句台词，便成为其产品的标准特征，因此，顾客在购买此类产品时，首先想到的便是这一款产品。例如"小饿小困，喝点香飘飘"，或许我们喝了香飘飘之后，还是会感到犯困，但是心理上，我们会产生"我已经喝了香飘飘，不会再困了"的暗示。

销售暗示讲究的是"润物细无声"，也就是说，要在不经意间暗示到顾客的心理，还要让顾客认为这是一则"好不容易"捕捉到的信息，从而做到格外留心，进而触发其购买行为。

顾客都存在或多或少"排斥"销售人员的心理，所以，对于销售人员极力诉说的，顾客往往会持有怀疑态度。而若是销售人员不经意间流露的，反而会成为顾客相信并想要极力了解的对象。因此，要想提高自己的说服力，就把最想要表达的内容，以"不经意"的形式流露出来。

举例来说，有一位酒厂的销售主管，与客户洽谈生意，时间差不多之后，双方提议去吃顿饭，这顿饭自然是销售主管做东。就在大家准备出发的时候，销售助理似乎欲言又止，销售主管见状，悄悄用手指比画了一个"八"字，销售助理会意，快速退出去了。

虽然销售主管与销售助理刚刚的一番"交流"非常隐蔽，但这一切还是落在了客户的眼中，他一开始并不知道销售主管的"八"是什么意思，但又不好多问，只能现将此事放在心里。

到了酒桌上，客户发现，酒水是销售主管从厂家直接带过来的。上面清楚地写着"80年陈酿"，原来"八"是这个意思。在酒席的过程中，客户品尝到了这款80年陈酿，感觉也很好。在之后的正式谈判中，销售主管表示酒厂中的酒存在很多种类，愿意一一介绍。但是客户却表示希望主管着重介绍一下80年陈酿。并且在这款酒上下了一笔大订单。

其实，80年陈酿并不是该酒厂最好的酒水，那些隐晦的交流不过是一项销售暗示的技巧，也正是因为如此，销售暗示发挥出了它独有的力量，促成了交易的达成。

销售暗示并不仅是一种信号传递，在信息传递到对方内心之后，还回忆反馈的形式表现出来，这种表现往往能够按照信息发出者的意愿而发生，由此构成一个销售手段的闭环，达到销售的最终目的。

2. 逆向思维：营销介质的魔力

　　我们理解一个产品的常规思维是从价格、质量等显性因素上入手，这也是传统营销的一贯眼光。但是在潜意识营销当中，看中的却是与传统营销层次不一的隐性因素，这些因素较为模糊，也存在一定的隐蔽性。它们潜伏在营销活动中，往往会被人们所忽略，倘若能够被好好利用，势必会成为产品的强势竞争力。

　　以麦当劳为例，顾客喜欢吃麦当劳，不是因为它的汉堡好吃，也不是因为它的价格公道，而是去麦当劳吃饭"很舒服"。价格可以模仿，配方可以升级，但是感觉是不可复制的。那么麦当劳到底是通过什么，给了顾客这样的感觉享受呢？

　　原来这里面集合了光线、音乐、颜色等一些列因素，在优化组合的基础上构建成最完美的效果。当然，这只是大框，要实际执行，尚需把这些因素进行量化。曾经有一位朋友要招待自己的生意客户，请我参谋一下宴会各方面的布置。我说不清楚你具体的会场是怎样的，就简单说一下在营销领域，所谓的会场应当注意的一些因素：

（1）光线布置

光线的设置与会场的风格要协调一致。白炽灯是最为常见的宴会光线，能够凸显出宴会的豪华气派，灯光下的人物、食物都很自然。调暗之后能够增加宾客们的舒适感。

（2）色彩设置

色彩是宴会的可视因素，能够直接影响人的心情。医学证明，不同颜色能够使人产生不同的心情。如果进行的是初期商务谈判，双方还不是很了解，谈判的内容也较轻松愉快，使用红、橙等暖色，形成振奋、激励的效用；倘若商务谈判进行到了白热化的阶段，应选用绿色等使人沉稳镇静的颜色；如果只是休闲意义上的商务谈判，则可以考虑桃红和紫红等颜色。

另外，宴会的颜色布置，也与季节有关。在寒冷的冬天，应使用红、橙、黄等暖色，给客户以温暖的暗示。而到了炎热的夏天，则使用绿、蓝、灰等冷色，给出清凉的暗示。

（3）温度调节

温度是形成舒适感的重要方面，这其中还包含了湿度与气味的因素。

温度过低，湿度过干，宾客也会心情烦躁，因此，豪华宴会厅的温度一般较高，以适宜的湿度，保证宾客的舒适度。

一般来说，温度在冬季不应低于18°~22°，夏季不应高于22°~24°，即便是用餐高峰期也应当控制在24°~26°。相对湿度应当控制在40%~60%之间。室内要保持通风良好，提供良好的空气质量。

一般而言，人们对气味的印象往往比视觉、听觉的印象要深刻。这是商务礼仪中，东道主需要注重的地方。

（4）家具选择

对于家具的选择和使用，关乎整个宴会厅的艺术效果。统一的标准就是与整个宴会大厅相得益彰。

这里也不能少了墙壁装饰和植物点缀。

（5）声音控制

这里所提到的声音，主要是一些噪音，比如空调操作或是室外杂音。在一般的商务宴会当中，噪声不应超过50分贝。

提起宴会气氛的因素还有很多，在这里无法一一道全。潜意识营销使营销介质跳出了传统营销应当关注的产品信息，转而看重一些潜移默化的隐性因素，达到了无形中的暗示作用，这比直言推销的效果要好得多。

3. 销售人员的"移魂大法"：感觉取胜

销售总是要讲究方法的，所谓的"移魂大法"，就是销售人员通过对消费者心理的把握，用自身的感染力去引导消费者的需求，从而创造购买力的方法。简单来说，"移魂大法"就是销售人员可以通过主导消费者的感觉，达到令消费者忽略价格等因素的目的。

在营销领域，订单的形成、合同的签订，这些活动在很大程度上都是客户的感觉在起作用。所有的消费者都不喜欢被推销，但是若有需要，便会产生购买行为。所以，普通的销售员卖产品，而优秀的销售员却在帮助顾客寻找为什么要买的原因。后者是从顾客心理的层面，站在内心需求的角度上进行引导。

"移魂大法"主要体现在五个方面：

（1）听，在倾听中上获取顾客信息

"移魂大法"的核心就是明确顾客的内心，从而引导顾客。

对于顾客的诉说，要认真倾听，尽量在听的过程中，以重复对方语言的形式予以回复。顾客所说出的话分为两种性质，一种是赞美之词。这类言语需要销售人员加深印象，使其成为开展"移魂大法"的重要信息。另一种是抱怨之词，这类言语销售人员只需选择性倾听，尽量在其中寻找可改进的地方，切记不要去反驳顾客，以免形成"对立"的局面。

总之，要遵循卡尔·鲁杰司的积极倾听三原则：①善于换位思考，站在对方的角度倾听；②对自己所听到的信息要进行确认，避免产生理解断层；③保持专注、尊重的倾听态度。

（2）问，问出顾客的需求

对于销售来说，成交的前奏是交流，一个会聊天的人同时也应当是会问问题的人。顾客之所以有所迟疑，是因为对产品心存疑虑，但对于这些疑虑，销售人员无法完全知悉，顾客的需求只有顾客自己清楚，"问"就是引导顾客说出自己的购买点。

当然，"问"也是存在一定技巧的。既然是销售人员来发问，那就要得出对销售人员有利的结果。所以，"移魂"重在"引导"。

提问的内容需要遵循三个原则：①提问顾客感兴趣的话题；②提问要避开顾客的抗拒点；③提问能够给顾客带来好处的问题。

只有具备这三点，顾客才能喜欢你，愿意与你交流，并回答你提出的问题。

很多销售员会把购买点落实在产品上，这其实是重心的偏离，产品总会更新换代的，唯一不变的是需求。举例如，顾客买馒头，并不是为了买馒头而买馒头，而是为了解决吃饱的需求。所以烧饼、面包、方便面都可以"胜任"。至于顾客会选择馒头还是面包，则由他的个人喜好以及价格等因素而定。

通过问问题来初步了解顾客的心理，从而探寻出顾客的需求，也就在一定程度上把握了产品。由此，"移魂大法"便可以制定出相应的销售思路，从而向顾客传递一种感觉，只要顾客对产品产生感觉，那么成交便顺理成章了。

简单来说，我们在进行销售活动时，不要一上来就推销自己的产品，而是要通过询问的方式来获悉顾客的需求。当然，作为销售人员，一定是先明确想要得到的答案，然后据此来设计问题，这样才能达到成交的目的。很多时候，顾客对于自身的需求并不明确，销售人员的询问能够在一定程度上引出这些潜在需求，从而为成交概率加分。

下面我举一段通过提问施展"移魂大法"的例子：

销售员："贵公司的业务产品虽然种类多样，但都是共用一个品牌对吗？"

客户："是的。"

销售员："其实多品牌战略和单一品牌战略各有利弊，贵公司实行的单一品牌战略能够集中所有力量塑造品牌形象。但是却存在'一荣俱荣，一损俱损'的串联效应。所以，维护和提升品牌形象是贵公司非常关注的问题对吗？"

客户："是的。"

销售员："作为生产制造企业，如何提高产品销量是您最为关注的问题对吗？"

客户："是的。"

销售员："倘若现在有一种方法能够在提升贵公司品牌形象的同时，也可以时刻监测市场信息变化，从而为产品销量保驾护航，您是会认真考虑的是吗？"

客户："是的。"

销售员："我们公司的产品对您所关注的问题大有裨益，如果您感兴趣，我很愿意花费一些时间向您阐述一下解决方法。"

…………

（3）说，用语言来引导顾客

销售是一个考验口才的岗位，销售人员需要说的东西非常多，而要让自己说的话起作用，却是需要一定方法和技巧的。

第一，要厘清说话的层次和顺序。很多情况下，顾客来购买产品总会带着一定的心情和情绪，有积极的，当然也会有消极的。聪明的销售员懂得先处理顾客的心情和情绪，再处理问题和提出道理。在这个过程中，赞美是非常奏效的一种方法，研究表明，一个人长期处在被赞美的环境当中，其会表现出心情愉悦，而智商下降。这时候，便是销售人员争取成交活动的好时机。

第二，话语要对顾客的思维形成引导作用。

下面我举一段例子：

客户："你们的报价太贵了。"

销售员："您的顾虑我可以理解，或许您还未深入了解我们的产品，感觉价格过高无可厚非。是因为我们的报价超出了贵公司的预算额度吗？"

客户："是啊！"

销售员："您的意思是说，我们的产品对您现在面临的问题很有帮助，不想买的原因是因为太贵了是吗？"

客户："不错。"

这时候，已经把顾客的购买意向引导出来了。

销售员："那么您除了这个问题，还有其他问题吗？"

将顾客心中的疑虑全都引导出来，一般顾客的问题不会超过5个。

销售员："倘若我能够为您解决这些问题，您会购买我们产品的对吗？"

客户："是的。"

…………

顾客所提出的问题大部分会与产品有关，这时候，销售员要尽心尽力帮助顾客解决这些问题。

（4）引，引导顾客自己说出内心的需求

从事销售行业，相信很多人都是从整日奔波的业务员岗位上做起的，穿梭在各个写字楼之间，通常会遭到不少冷遇。这种不受待见的经历似乎每一个销售人员都会有。

顾客的拒绝就像是一种惯性行为，这就像你问一个人有没有口渴，他会回答不想喝水，但当你把水放到他面前时，他或许会选择喝一口。

下面我就举一个业务员应当如何牵引顾客需求的例子：

业务员："先生，您好，可以花费您10分钟的时间，解决贵公司投影仪使用隐患的问题吗？"

客户："不需要。"

很多业务员会栽倒在这三个字上，只能无可奈何地说一声"打扰了"，然后走出办公室。但是聪明的业务员是可以让谈话继续进行的："先生，我了解您现在的心情，毕竟您对我们的产品并不熟悉，我可以问一下您不需要的理由吗？"

客户："抱歉，我不想了解这个产品。"

业务员："也就是说，您想要了解的时候，是会考虑的对吗？"

客户："或许吧！"

业务员："那对您来说，在什么样的情况下才会对我们的产品有所需要呢？"

…………

虽然这样下来，客户或许依然不愿把谈话继续下去，但是我们却得到了概率更大的成交状态。这总比无法打开谈话大门要好得多。

（5）"痛苦感"的刺激

人每做一件事，都有自己的动机。这动机分为两种性质：一是追寻快乐。二是逃避痛苦。为了长久的快乐，人们往往能够承受当下短暂的痛苦。而为了逃避长久的痛苦，人们也能做到放弃眼下的快乐。"移魂大法"就是利用了人们这一心理，促使人们形成购买行为。

举例来说：

销售员："据我所知，贵公司的业绩自去年年底开始下滑，到了今年第二季度已经形成了入不敷出的状态，产品的老旧和不完善导致客户退货和投诉量不断走高，公司内部人员流失程度也很大……

我们公司推出的产品正是适应了时代的潮流，是新一代年轻人的期望，很多与我们签订合同的公司都取得了高于往日的销售业绩，而且我们的产品还有私人订制，能够专门针对贵公司的情况生产加工，最大程度上挽回贵公司的损失，使公司早日重回正轨……"

　　在表述的过程中，要突出顾客现在所面临的"痛苦"，强调使用本公司产品之后，便能够达到"逃离痛苦，追求快乐"的目的，用自己的"共鸣"去感染顾客，改变顾客的心智。"移魂大法"的关键从来都不是产品，而是销售人员带给顾客的感觉。

4. 如何让你的顾客"不好意思拒绝"

很多情况下，买卖双方总是在讨价还价的情况下来回博弈，这个环节处理得好，离成交就还有一步之遥。若是处理不好，便会面临谈判失败的结果。双方的博弈向来都是"你有张良计，我有过墙梯"，一旦对抗起来，势必产生僵局。作为销售人员，销售的最高境界就是让顾客无法拒绝。

其实不只是商业活动，在日常生活当中，若是我们欠了一份人情，待到对方提出要求时，我们也是不好意思拒绝的。

记得有一次，我去一家企业做销售培训，在提问环节，有位员工提出了这样一个问题：如果客户不断往下压价，怎样才能让他停止这项活动，并且迅速达成交易呢？

我先是回答："那就只能让他不好意思拒绝你了。"

员工们希望我能说一下具体做法，于是我就举了一个例子：

倘若我是某汽车零部件加工厂的销售主管，带着我的销售团队，前往客户方进行最后一期的商务谈判。本期谈判的主要内容是定下价格，签订合同。

经过前两次的谈判，我知道这场价格的纷争不会很顺利，果然，对方上来就开始大幅压价。压价的程度自然会很大，因为对方也知道我们一定会在他提供的价格上进行加价。

所以，我按照"套路"，要求对方加价："张总，您这价格压得太低了，我们也不能做赔本的买卖，是吧？"

"不是我故意压价，只是公司给的预算就是这么多，我们也没法加啊。"

看来对方并不会轻易松口，这样下去，即便来来回回几个回合，我也讨不到多少便宜。接下来，我匆忙看了一眼手表，叹了一口气："这样吧张总，我也不多说了，咱们这样推来推去也没有意思，我直接在报价的基础上降1.5%，您看怎么样？"

张总听了以后瞪了一下眼睛，似乎不太相信我说的话，他似乎没有想到，我上来就会让利这么多，会议室顿时安静了下来。我的话音刚落，销售助理就急切的叫了一声："主管！……"似乎意识到了自己的失态，他连忙压低声音说道："1.5%是我们最大的……"我示意他不要再说了，并且给了他一个眼神，他便出去了。

虽然刚刚销售助理的声音不大，但是在如此寂静的会议室里，张总可是听的一清二楚，并且也明白助理出去定是去给老板打电话请示了。

我试着缓和一下气氛，微笑着说："不好意思张总，其实我们下午还要去B公司，眼看还有不到4个小时了，想着能不能尽快把合同签了。"

这时候，助理进来，给了我一个眼神，我会意后继续说道："不知张总对我刚才的报价还满意吗？"

虽然张总不清楚我们要去B公司谈什么业务，但是根据刚才所发生的情景，他的内心大概可以推演出这些信息：

（1）对方与B公司想要开展合作，B作为自己的竞争对手，这对自己的处境很不利。

（2）如果自己继续压价，对方可能会以时间为由终止这场交易。

（3）对方或许打着"这笔交易做不成，还有B公司"的主意。

（4）对方的第一次价格谈判报价就让利了1.5%，刚刚又隐约听到这恐怕是销售主管权限之内能做出的最大让步，就证明主管还是很想维护这段合作关系。

（5）面对老板的授意和自己的压价，对方主管竟然亮出了自己的底牌，看来他已经给出了最大的优惠，也算是仁至义尽了。

几分钟的自由商议之后，我签成了这笔订单。而当我走出会议室的时候，内心的想法却是：老板给出的最大权限其实是1.75%。

你可以说"人生如戏，全靠演技"，其实商业贸易就是这样的一个过程。在整个谈判过程中，我先是通过急切的看手表，暗示我在赶时间，然后让助理无意间透露出自己的"底牌"，最后在言语上用竞争对手给客户施压。这一系列的活动下来，客户反而认为我做出了最大让步，继续纠缠下去不但会形成僵局，反而还会引发谈判失败，自然就心满意足地敲定了主意。

其实，这就和顾客在超市挑选洗发水，但她拿起的洗发水没有赠品，而令一种有赠品，作为销售员可以向他说明：虽然你拿的这款没有赠品，但是我仍然可以做主送赠品给你。这样，顾客就会不好意思不买，反而欢天喜地去付账了。

5. 销售暗示：百万客户养成记

美国一项调查研究显示，世界上每六个人就可以结成了一张连接世界各地的网络。这强调了每个人身后都有巨大的人际关系网络。

在销售领域，也出现了一条相似的原理：每一位顾客身后，都存在无数个潜在顾客。

我们可以在任何人的身上寻找成交机会，这个人或许现在并不是你的顾客，但是他们向你介绍了其他顾客，并签订了百万订单。那么这个人同样是你的百万客户，倘若他介绍了不止一位顾客，那么他就不仅是百万客户，甚至是千万客户了。

但是这样的人并不好找，我们也不知道他是谁，甚至不知道我们认不认识。要想培养这样的百万客户，就要用你的态度去影响你的行为，把每个人当成自己的百万客户。每个人都渴望被尊重、被认可、被赞美，这似乎与培养百万客户没有直接关系，但在形成百万订单的过程中却起着至关重要的作用。

我与一位田姓朋友关系很好，也曾以销售顾问的身份跟随他参与过一场商务谈判。他便是我的百万客户，然而我们之间并未达成过任何合作。也可以说合作过，但是没有成功。

当时我是公司山东省的区域销售经理，与田总合作一笔订单，商务谈判进行的还算顺利，但由于双方公司老板的决定以及种种原因，合同被迫终止了。虽然双方公司没有达成合作，但是我与田总却建立了深厚的私人交情。由于曾经也算合作过，所以我们比较清楚双方公司的业务和产品类型，在他的人际圈中，只要涉及与我公司相关的业务项目，他总是会把这些客户介绍到我们公司。经他介绍的客户已不下五个，这个给我们公司和我自己所带来的利润是无法估量的。

把所有人当成自己的百万客户，这是对自己的心理暗示，这项暗示通过言行举止表现出来，作用在对方身上，也会让对方产生被重视的心理，自然就会引出其深厚的人际网络。

6. 隐藏在名称里的暗示作用

说到品牌名称，企业向来将其看作是自身的无形资产。具有暗示作用的品牌名称蕴含了企业和产品的特点，这类名称一般是集合了字词、消费群体、语言学变量等中间变量，展现出情感、消费决策、记忆、态度等结果变量。也就是说，具有暗示作用的品牌名称，会向顾客展现出产品和公司的特点，并且向顾客传递相应的情感。

我关注过这样一种现象，市场上的品牌名称有的会带有某种暗示与自我暗示。在过去，人们开一家酒楼，都喜欢起一个带"香"的名字，如"十里香""望香楼"等；做婴幼儿产品，就习惯加上一个"贝"或者"宝"的名字。换个思路来看，倘若酒楼老板在起店名的时候用"贝"、"宝"这样的名字，而婴儿产品公司把"香"这样的字眼加到自己的产品名称当中，那么其所得出的经营效果肯定是要大打折扣。下面我举几个实例帮助理解：

享誉全球的"可口可乐"是非常成功的可乐品牌，它的英文名字为"Coca_cola"这里面包含了可乐的成分古柯叶（coke），以及可乐果的提炼品。但是古柯叶是兴奋剂的成分之一，而可乐果又含有大量咖啡因，所以为了避免人们"望文生义"，这才出现了我们今天看到的"Coca_cola"。

名称的改造不仅避免了不必要的麻烦，而且谐音于"可口"，给人一种"美味可口"的感觉，这与可口可乐强调"欢快、尽兴"的品牌形象完全契合。可以说是非常成功。

一说到"蒙牛"，相信很多人的脑海就会浮现出蓝天、白云、大草原，把牛奶的产品特色表现得淋漓尽致，又给人一种"源自天然牧场"的正宗感觉。

内蒙古小肥羊曾经是火锅行业的代表企业之一，它的名字就非常有意思，"小"字暗示着肉质鲜嫩；"肥"字喻意着羊肉厚实肥美。所以用这几个字组成的品牌名称，自然会给顾客带来强烈的暗示作用。假如这家企业叫做"大鑫羊"或者"永发羊"，那么一股浓烈的金属质感便会迎面而来，顾客的食欲也就所剩无几了。

实际上，有关汉字文化当中的暗示意味，应当是与我国的汉字来源有着密不可分关系。部分象形文字与会意字本身都携带者强烈的表现力，这些表现力本身就是无可抵挡的暗示力量。在商业活动中，合理运用传统文化当中的暗示力量，同样能够达到事半功倍的效果。历史上也有很多品牌名起得大气、切合市场的公司，它们都在同行的销售竞争当中占得先机。比较明显的如运动品牌里的"特步"、婴幼儿产品里的"帮宝适"、"贝因美"等。

好的商品名称，对销售会有以下两点帮助：

（1）加强对产品的印象

商品名称暗示可以帮助顾客加强自身对于目标产品的印象。就以婴幼儿品牌"帮宝适"为例，该商品当中隐喻的信息，实际上正是每一位父母所期望的。所以当他们使用了此品牌的商品之后，就会从主观意识上形成所谓的认同感，当下一次需要给孩子购买纸尿裤的时候，他们就很容易再次光顾。

（2）引导顾客产生购买

商品名称的暗示力量，还可以对顾客形成良好的思维引导作用。让他们从潜意识里先入为主地认为，该产品就是"最好的选择"或"最专业的一类"。实际上，有关字义符号对于社会人心的引导，是与文字符号自身的附加意和社会认知息息相关的，它是一个更为宽泛、难以描述的概念，在此我不做更多赘述，只用一个比喻来诠释其内涵：假如说你同时看见了"西山村酒"和"九鼎国酿"，那么在主观上，人们往往会不由自主地认为前者在品质和售价上，都是低于后者的。

或许上述所说的只对打算创业的人有帮助，已经建立企业和在企业工作的人认为这似乎"与他们无关"。在我看来，这绝对不是一个"事不关己，高高挂起"的事情。商场上仍旧有很多品牌因为忽视了名称的暗示作用步履维艰，然而通过改变品牌名称而"平步青云"的企业也不在少数，如果你是企业管理层，你可以为品牌的名称赋予含义，倘若你只是一名普通的销售员工，也可以以员工的身份，向企业提出建议。下面我们来看一则因改变品牌名称，而使销路由衰转盛的案例：

对于联合利华旗下的力士品牌（Lux），我们大家都不陌生，但是这个畅销全球的品牌却有着一段心酸的历史。

19世纪末，联合利华推出了一款新型香皂，起初取名为"猴牌"，但名称与产品看不出半点关系，甚至有些不伦不类之嫌，因此销路一直停滞不前。后来，又更名为"阳光"，虽然正面因素增强了很多，但仍旧有些俗套。在香皂面世的一年里，情况一直不够乐观。直到20世纪初，公司的一位专利代理人给出了一个全新的名称"Lux"，立刻引起了公司内部的强烈反响，并且得到了董事会的同意。

名称一经更换，香皂的销量迅速突破原有瓶颈，随后一路走高，进而风靡全球。Lux香皂的生产并未进行过大的改变，达到这样的成就，仰仗的便是新名称的创意。

"Lux"名称只有三个字母，简单易记。来源于古语"Luxe"，在拉丁语中是"阳光"的意思。同时，又能暗示人们联想到Luckys（幸运）和Luxury（精美华贵）的拼写。可以称得上是一个近乎完美的品牌名称。这对产品来说，有着无形的宣传作用，这本身就是一句完美的广告词。

当然，商品名大都是固定的，除非特定情况都不会改变。那么借助商品名称的暗示力量，是否存在巨大的局限性呢？这一种质疑是合情合理的，但是它同时也陷入了一个过于狭隘的误区。我们不能够随意更改商品名称，但是可以通过商业活动的形式来为其赋予生动形象、喻意非常的附加名。同时，作为从业者，我们也可以更改自己的头衔或职业称谓，以此达到强化效果、思维引流的目的。

曾经有这样一家饭店令我影响深刻，它的名字我早已经记不起来了，但是饭点菜单和工作人员却安排的极具特色：比如菜单当中的"肥江团"让人一眼看上去就想点、工作人员或者叫"小丸子"，或者叫"大酒葫芦"，别开生面的营销暗示也就迎面而来了。

所以说，销售当中的暗示，应当从商品名称开始，名称起得好，便可以在市场竞争中占得一定先机。而在无权更改商品名的时候，要把这些要素添加到销售活动当中。而且，在利用品牌名进行暗示渲染的时候，我们不应当将关注点只集中于品牌名本身，围绕它产生的一切要素都是可以借用的。就像那家别开生面的饭店一样，菜单的暗示、工作人员的头衔暗示等等，都是可以引用到销售计划当中来的。

我们在看电视、观电影或买书籍的过程中，若是同类属性存在多项选择，那么用来评判的，恐怕很大程度上都取决于名称。顾客选择产品便是这样的道理，为产品名称赋予特殊含义，使其具有一定的暗示作用，这是进行成功商业活动的一项筹码。

7. 催眠暗示：语言营销的攻心手段

在前面的文章中，我一直在说心理暗示，这是人们面对外部世界时，通过自己的五感和显意识行为（思考），在潜意识中的接收、储存和认同。

而本节中所提到的催眠暗示，却与心理暗示存在一定的差别，暗示是一种很微妙的存在，不管暗示是否权威、是否正确，都会在一定程度上影响心理。催眠是暗示当中的一种技术和方法，在进行催眠暗示的时候，被催眠者往往会失去显意识，潜意识便会暴露出来。这是心理医生经常采用的手段，应用在营销领域，我们可以了解一下它在语言营销上的运用。

心理暗示的途径有很多，环境、心态、观念、眼神等都可以成为媒介，只要把这诸多因素整合起来，形成一种强烈的心理暗示，就会达到催眠暗示的效果。销售人员在进行推销活动的过程中，语言暗示的目的就是影响顾客的观念，从而引导顾客的购买行为。语言暗示能够在无形之中对顾客形成独特的影响，让顾客形成强大的购买磁场，从而达到不销而销的境地。

下面我介绍几种语言暗示的技巧：

（1）直接暗示

我们都知道直爽的人说话一贯是开门见山，销售人员想要直奔主题，还需做到一针见血。

很多销售员对直接诉说购买本产品好处的做法不以为然，认为这样的推销方式算不上"高明"。在我看来，销售人员完全可以在强调顾客购买本产品所得的好处的同时，也说出不购买会形成怎样的损失。在这样强烈的对比之下，顾客的内心一定会泛起波澜，在进行暗示推销的过程中，语气一定要肯定而强硬，要有说服力，要用自身的自信去消除顾客的疑虑。

（2）注重言内之意

我们在与他人交流时，往往喜欢说"但是"，聪明的人都清楚，说话之人所要表达的真正含义，一定是在"但是"之后。

如果商务谈判已经接近了尾声，针对今天买还是过后再买的问题，作为销售人员，我们可以说："先生，您现在不方便的话，可也以明天再过来。但是这个品牌的打折期限已经接近尾声了，款式也只剩下了这两件，您看中的那件是所有款式中卖的最好的，为了保险起见，建议您宜早不宜迟。"其实我想表达的意思就是给顾客施加一种紧迫感，促使其马上购买。

（3）善于抛出弦外之音

这种语言暗示看似说的是"题外话"，与当事人没有关系，但言语之外却在处处影射顾客本身，使顾客自然而然的把自己归结到"题外话"当中去，并作出销售人员所安排好的购买行为。

比如，当我们向销售人员推销几款档次不一的产品时，我们可以说："一看您就是非常有品味的人，上午的时候，有三位老板也看上了您面前的这一款，您眼光真好！"这句话的言外之意可以翻译为：您有品位，所以不该购买低价掉档的产品，这一款是众多大老板的选择，您也不应该例外，这还能够凸显您的眼光。

这样一来，就算顾客不想买这一款，也很难拒绝了。

（4）三明治句式

顾名思义，就是要把所说的语言暗示分成三个层次，一步一步为交易成功铺路。

作为销售人员，我们要完全表达自己的意思，很多时候免不了要得罪顾客，一味地"好言相向"又显得不够真诚。所以，能否在说出真实情况的基础上，还能够做到不惹怒顾客，甚至顺道促成交易成功，成为每一位销售人员应当学习的重要技巧。

举个例子，倘若我作为一款祛痘产品的销售人员，一位顾客前来询问产品情况，但是对我的产品并无法完全信任。这时候，我就可以采用三明治句式进行催眠暗示："这位女士，您脸上的痘痘虽然很明显，但似乎挺匀称的，这样看上去倒有些自然的感觉。但是，您这痘痘应该是二级层次的丘疹状态，如果放任不管，极有可能发展成三级脓包状态。到了那时候，想必您男朋友会以'吻你都没地方下嘴'而疏远你吧？不过，您也不必过于担心，丘疹状态的痘痘恢复起来还是很有希望的，我们的产品对抗脓包型痘痘都卓有成效，您这种二级状态用不了一个疗程就会出现消退改观，届时再附加两个疗程，恢复光滑皮肤的可能性非常大。"

在我上面的这段话中，我先是开了一个小玩笑，用来调和气氛；随后说出一番较为严重的话（这也是顾客不愿意听的事实）刺中她的痛处；最后，要记得缓和刚才的严肃气氛，做出一番安慰。与此同时，还借机推出了自己的产品。

（5）关键性卖点暗示

不管是什么样的产品，都要讲究"卖点"，随着市场环境的发展，同行业产品的竞争压力越来越大，"千篇一律"成为销量驻足不前的主要原因。因此，独特卖点成为商家所依赖的竞争力量。

关键性卖点是能够提起顾客浓厚兴趣的要素，其在整个销售过程中的提及，能够对顾客形成长久的影响。

比如说，我是一家服装店的销售员，有一对情侣前来买衣服，那名女孩看着一件衣服，小声对身旁的男生说衣服上面的腕带很特别。但介于顾客心理，她还是将目光转向了别处，但作为一名眼光敏锐的销售人员，我还是捕捉到了这一信息。于是我把腕带看成一项关键性卖点："两位要买衣服，今天下去来的真实太巧了，上午刚刚进了一批新货，您看这件连衣裙，就是青岛外贸新品，裙子佩戴的腕带十分时尚、个性，这样的衣服，本店只进了一件，这位美女穿出去，也不用担心撞衫。"

虽然他们很认真地听我介绍，但介于顾客的属性，他们还是便显出了"百般挑剔"："这衣服颜色有些素。"

"先生，您女朋友的皮肤这么白，穿浅色会更加清丽，夏天到了，深色也会吸热。再说，夏天总是微风多一些，您看这个腕带，垂着几根带子，到时候在风中轻扬起来，当真是一幅绝美的画面啊！"这时候，那位女孩的脸上露出了向往的表情。

但是男生还是继续说道："这种款式的衣服我们也有类似的。"

"款式可以类似，但是效果却大不相同。先生您别小看这个腕带，它不仅可以绑在手上，还可以别在胸前做胸针，也可以戴在脖子上做项圈，总之可以根据个人喜好和衣服搭配任意变换。可以说，这款绑带让这件连衣裙实现了及多种款式于一身，并且在各个环境中都很百搭。"

所谓的关键性卖点，就是顾客特别注意的地方。或许顾客对这项卖点的印象还不是很深，这就需要销售人员在进行推销活动的过程中，不断提及和矿大这项卖点，给顾客留下深刻印象。即便顾客提出的问题与绑带无关，销售人员的回答还是要往绑带上靠。或许这对情侣还是会继续去别家挑选衣服，但挑来挑去，却终是没有那条绑带，最后还是会回来。这便是关键性卖点的重要作用。

关键性卖点是一种强烈而持久的暗示，只要顾客形成购买意向，就会想到这独一无二的卖点。

销售博弈

——卖场之王见招拆招的超强手段

销售博弈是买卖双方你来我往的交易过程，博弈论可以用来解读众多销售心理，销售博弈运行的因素主要包括买卖双方的市场经验、销售技巧以及应变能力。销售活动存在太多不确定因素，要想掌握这个过程，就要遵循销售博弈的各项法则，运用博弈论的思维，窥探买卖双方的心理过程。以达到知己知彼的效果。

销售博弈论存在一项理论模型，分别包含客户自身设定的综合性价比值、产品综合性价比值，以及竞争产品综合性价比值。并且为之赋予A、B、C的代号。理论上来看，B与C的数值可以无限接近A值，但不可能与A等同。从某种程度上说，B与A最大程度的接近，同时大于C值，便是最为理想的销售理论。

关于客户自身设定的综合性价比值和竞争产品综合性价比值，二者相互作用的同时，也存在相应的影响因素。例如影响前者的因素有客户的决策环境和决策习惯，影响后者的因素则落实在品牌形象、售后服务、产品属性，以及销售渠道上。

了解了这一销售博弈论模型，便能在看不见硝烟的商海战场上立于不败之地。而具体的法规、技巧却早已融入到了日常的销售活动过程中。

1. 永远不要暴露自己的底牌

商场如战场，博弈的过程就像两军对垒，"孙子兵法"、"三十六计"各种防御壁垒。在史书当中，我们了解到，面对前来攻城的敌军，守城的军队往往会令骑兵做先锋，随后步兵展开攻势，城墙外有一条护城河，过了护城河，城墙和城门便是最后一道防御，一旦这道防御被破，那此城就守不住了。

在商务谈判中，"底牌"便是这最后一道防御。一旦底牌暴露在双方面前，那己方便会在整个局势中处于下风，谈判结果定是不尽如人意。无论面对多么凌厉的攻击，都要守住底线，对方掷出了多大的攻击，自己就用同样的力度打回去。当然，这其中还有一些"攻心"之计——既然不能暴露底牌，那就抛出一个"假底牌"，演绎一场"苦肉计"。

我曾经经历过一场"底牌大战"的商务谈判，之所以为它取名为"底牌大战"，是因为交易双方在谈判当中，为了"互信取信"而互报底牌。现在想来，不仅要感叹一声"水太深"。特在此处与大家分享。

当时是同一笔订单的第三次商务谈判，也就是到了签订合同的环节，也是正是定价的环节。

首先是对方提出草拟合同上的价格异议，我回答道："吴总，这个价格已经是第二次修订了，虽然我们没有对此认真探讨过，但在非正式商务谈判场合，已经进行了相关洽谈，不是吗？"

"诚如你所说，这并不是最终的谈判价格。何况，我们的订单量增加了2.3%，贵公司理应再度让价。"

"吴总，第二次修订价格的原因就是因为贵方订单量的增加，这是上级直接下达的指示，我已经没有左右价格波动的权限了。"

"实不相瞒，贵公司所给出的价格已经超出了我方的财务预算。我今天的任务原本是根据增加的订单量，再度使价格下调。"

"按照贵公司的订单量，我方在价格方面已经做出了最大的让步。吴总可以谈一谈这个价格如何超出了贵公司的预算吗？"

"我希望贵公司能在第二次修订价格的基础上再降0.5%，这是我方预算的上限。"

我当然知道，这个价格绝不是所谓的预算上限，但还是回答道："吴总，您此次压价压的太狠了！别说我已经没有决定价格的权限，即便是有，您降的幅度也太大了些！"

"我也知道一上来就压0.5%是有点多，但是我只能承诺这个数额，也就不需要中间的烦琐议价了，还请经理考虑考虑。"

"吴总，此事我真的无法做主，这样吧，我向老板请示一下。"

我开始在走廊中打电话，选择大小适宜的声音，通过来回走动，把想让屋内人听到的消息传送进去。

"……老板，就是这样的情况，您看能不能……这个我清楚……我认为，其公司有着良好的发展前景，而且销售渠道网络四通八达……"

经过这通电话之后，我为吴总公司"争取"到了0.37%的降价，随后又协商了一段时间，最终达成了交易。

在这场商务谈判中，对方亮出了自己的底牌——预算上限为降价0.5%。而我也交代了自己的底牌——没有任何改动价格的权利。

但是我们发现，对方最后接受了降价0.37%的协议，而此次降价则是由我这个没有降价权力的人促成的。所以，我们都未真正亮出自己的底牌。互亮底牌不过是"互探虚实"的手段，根据对方所谓的"底牌"，相应制定出自己的"底牌"，将计就计，见招拆招便是销售博弈的常规演绎。

2. "决策者" VS "需求者"，谁才是关键人？

很多情况下，销售员面对的顾客并不是真正的客户，或许他是代购，或许他只负责付钱。在顾客的层面上，有三种分类，分别是决策者、付款者和需求者。也就是说，在一场交易中，需要产品的、为产品付钱的、决定要不要买产品的可以不是一个人。

这就像爸爸妈妈带着孩子逛超市，孩子想要一个玩具，妈妈会首先过来了解玩具的功能、安全性能等信息，然后决定购买，最后由爸爸去付钱。

我们销售产品，在大多数情况下是站在需求者的角度上进行包装，只把这些人当中自己的目标客户，其实这是一项认知错误。我们都知道儿童需要玩具，但能够与我们达成交易的顾客却是妈妈。老年人需要保健品，但更多情况下，是儿女买给爸妈。所以，我们发现，玩具的目标顾客成了妈妈，而保健品的消费群体却变成了儿女。这反映出了一个营销事实——促使交易成功的关键人物不是需求者，而是决策者。

明确了这项规律，销售人员在进行推销活动时，便可以"对症下药"。抓住决策者的心理，以促进交易的达成。下面我将列举几个情景加以说明，在以下情境当中，我会以第一人称阐述：

情景一

一位年轻妈妈带着一位五六岁的孩子来买水果，孩子吵着要吃芒果。但是妈妈一直劝阻孩子。我微笑走上前："您好，请问有什么需要帮忙的吗？"

"妈妈，妈妈我要吃芒果！"孩子依旧吵着吃芒果，这时候妈妈也发话了："吃芒果会过敏的，你忘了上回吃了脸上起小红疙瘩啦？"

"不要，我就要吃芒果！"

我大概明白了妈妈阻止孩子吃芒果的原因，于是蹲下身来对孩子说："小朋友，可以告诉我，为什么要吃芒果吗？"

"我想吃。"

"那你想吃酸的，还是想吃甜的呢？"

"酸的！"

"是吗？是不是越酸越好啊？"

"是的！"

"可是真不巧，今天的芒果全是甜的！不过告诉你一个好消息，旁边的葡萄和李子有酸的哦，那边是甜的，这边是酸的，可酸可酸了。你想不想尝尝？"

孩子被我成功转移了注意力，兴奋地说："想！"

"好，那我再问你一个问题，你知道妈妈喜欢吃什么吗？"

"嗯，草莓！"

"小朋友知道妈妈喜欢吃草莓啊！真乖！"

这时候，我看到妈妈的脸上洋溢起了幸福的笑容，随后孩子示意妈妈买了葡萄、李子和草莓。原本妈妈什么都没打算买，最后却买了三样回去。究其原因，一个是我帮她解决了问题，另一个就是我引导孩子的语言，让她感到了幸福。因此，她满心欢喜地买了水果。

情景二

我们假设儿子替父母买保健品，我们面对的是一位决策者，这时候要享用"孝心"夸赞他一番，随后询问作为需求者的老年人的身体情况，最后再列举出老年人为何会需要保健品，以及用了保健品会起到什么样的作用。

情景三

我介绍一下有关代为购买的情况，此时的顾客既不是决策者，也不是需求者，只是一位付款者。这时候，一定要仔细询问真正需求者的购买意愿，加上付款者的相关描述，慎重推进选择。对待此类顾客要做到慎重，因为稍有差错就会同时得罪两个人。

决策者的决策一般都建立在能够为需求者带来好处的基础上，当然，决策者与需求者也有可能是一个人，倘若遇到二者分离的情况，要维持好与决策者的关系，把握决策者就等于把握了需求者，才能占据有利地位。

3. 说"太贵"时怎样让他"不差钱"

很多顾客很喜欢一件商品，但因为"价格"问题而犹豫不决的也大有人在。这种情况分为几种类型：

（1）资金不足

顾客手中的资金确实不足，这样的话，销售人员也爱莫能助。

（2）资金足够

顾客手中的资金足够，但就是不舍得花费。

（3）资金足够，但想压价

手中资金足够，但认为价格偏高，说"太贵"，是因为想让销售人员降价。

一般而言，能够在商品面前徘徊的人大都属于后两种情况。举一个我在服装店工作时，遇到的第2种顾客情况的例子：

当时是周末下午四点，这是悠闲逛街的好时间，一位年轻小伙子来到店里，他穿着很休闲，还带有一身学生气息。进店之后，便来到一些休闲西装的服装面前，由此我判定他刚刚入职。

"您好，要买休闲西装吗？"

"请问您这一套西装多少钱？"

"休闲西装在450元到600元之间，那边的正式西装，大约在600元以上。"

"好贵啊！"

"看你的打扮很休闲，买西装是要工作穿吗？"

"是的，我快毕业了，马上就要去实习，想买一套正式一些的衣服。我现在还是学生，没有多少钱，您能便宜点吗？"

其实这位年轻人为了买西装，一定会准备好充分的资金，但是高昂的价格总会令他望而却步。

"我很理解你的心情，我也刚踏入社会不久，这时候正是非常困难，需要努力拼搏的时候呢！我看你的意向，似乎想要买休闲西装。"

"嗯……也没决定。"

"其实，对于踏入社会的人来说，休闲西装是买来作为日常服装穿的，是正式西装的附加品，用来适应一些工作之外的生活。但是在工作环境中，还是要穿着正式西装的，毕竟一套正式西装，更适应于多种工作环境。相比之下，其投资价值要大一些。"

他听了我的话，想了一会儿。我继续说道："既然是工作需要，那就是刚需带的东西，就像每天的饭食，不论昂贵还是便宜，这份钱都是要花出去的。为了提高投资价值，我不建议你买质量过差的西装，当然，质量太好、价格太贵的我们现在也不需要，这样，我给你推荐一款价格合理、穿出去又不掉价的西装。这套750元，我给你按680元的价格，你看怎么样？"

就此，达成了这笔交易。

而对于第3种情况，我曾经的一位同事对我提到过，她说那位顾客看上去很富有，也不像"差钱"的样子，却一直在说商品贵，让她很无奈。我给她支招，以后再遇到这样的顾客，就多称赞。我们来模拟一下：

顾客："这衣服太贵了！"

销售员："先生，这证明您眼光好，看上了我们店里质量最好的衣服，这件衣服是外贸单品，属于限量款。看您周身这气质，见的世面一定比我多，想必也能看出这衣服的价值。您身上的衣服有些英伦风，看来先生是一位大方、随性的人。您看中的这件衣服有些古典韵味，与您的气质也非常搭配，您可以尝试一下这个风格。"

这一系列高帽带下来，顾客不仅高兴，也应该不好意思再对价格有异议了。

顾客之所以嫌贵，是因为他把商品仅仅看成是"一件衣服"，却是，不过是一件衣服，哪里值这个价钱？而销售人员要做的，就是让顾客认为"这不仅仅是一件衣服"，它还有更大的价值，这个价值绝对值这个价钱。由此一来，被赋予特殊意义的商品，便能够使顾客"不差钱"了。

4. "考虑考虑"的弦外之音

作为一名销售人员，我们经常会遇到一些说"我再考虑考虑"、"我想好了再联系你"的顾客。很多时候，我们对这些顾客存有一些"期望"，希望他能够朝着成交的方向"考虑"。但我要说的是，这完全误解了顾客的真正意图，"考虑考虑"的弦外之音其实是"我并不打算买"。

或许有人会说，这位顾客既然没有购买意向，那就可以排除在目标顾客之外，没有必要在他们的身上浪费时间和精力。这或许是较为直接的想法，但作为一名优秀的销售人员，应当明白"为顾客创造需求"的重要性。顾客不想购买，是因为其本身没有需求，作为销售人员，要做的就是把想要"考虑"的变成需求。

在此，我分享几项应对措施，以攻破顾客的"防守"。所有应对措施都要落实在顾客那句"考虑"之上：

（1）将计就计，假设需求

这位顾客，很高兴听到您说要考虑一下，这说明您对我们的产品很感兴趣。也就是说您是有购买意愿的，至于您说的考虑考虑，是在考虑什么因素呢？还是说其实您自己也想明确自己的需求，只不过无法做出明确的判断？如果是这样的话，您可以好好了解一下我们的产品，我也可以帮您分析一下，协助您做出相应的判断。

（2）重述重点、亮点

我想应该是我复述的不够清楚，所以您才无法决定要进行购买还是再多加考虑。接下来我把产品的亮点详细地复述一遍，在其中，您可以对我们的产品形成充分的了解。

（3）"断后路"

我很理解您的心情，我自己买商品的时候，也会出现这种心理，我想购买，但是总会不自觉地在意别人的眼光，所以总想找个人商量一下，您大概也是这种想法。

我们都希望得到别人的认同，所以很多情况下总会选择"参考"他人的意见。但是，后来我发现，这些"他人"有两种类型，一种是积极的，他会告诉我们要根据自己的意愿和需求进行购买。而另一种是消极的，与他们商量的结果，我们往往得到的都是放弃购买的建议。

事实证明，任何人的建议都不如自己决定来得实在，您所面对的问题不过是是否购买而已，这是需要自己做决定的，别人无法替您作出决定。其实，如果您真的不想购买，也不会花费心神去考虑这些。与其之后考虑，倒不如现在做出决定，相信您也是个大忙人，又有多少时间考虑这些问题呢？

不去理会顾客的"无购买意愿"，而是抓住"考虑考虑"大做文章，在销售人员的"假设需求"之下，顾客就会形成"其实我想购买"的心理暗示，如此一来，销售人员就能够获得反败为胜的机会。

5. 以不变应万变——说实话

  很多人看到这个题目，都会不太理解。我们作为销售人员，学习销售知识，为的就是使用各种招数与顾客进行销售博弈。两军对峙，怎能让对方得知自己的底细？这样的想法似乎无可厚非，但仔细想来，仿佛是把销售人员与顾客放在了对立的位置上。买卖双方的交易过程是一项各取所需的活动，是契约关系、合作关系，而非对立关系。

  有一个成语叫做"无奸不商"，这样的评价似乎把商人放在了一个奸诈狡猾的位置上。站在消费者的角度上，商家就应该老实的把产品以底价卖给我们，而不是通过狡猾的手段赚取消费者的钱财。但是，谁又应该去做赔本或是不赚钱的买卖呢？

  因此，这里说的"实话"，不是让销售人员去做原价进又原价出的"搬运工"，它代表的是一腔真诚和热情。即便是"买卖不成"，也要留下"仁义"，抛开买家、卖家这层身份，二者都是普通人。获得顾客的坦诚相待，要比赢得一场交易重要得多。

之前有一家企业请我做一个周期性的企业培训，到了第三期的时候，由于行程安排问题，我无法亲自前往。于是我和员工们便在网络连线，展开了一次线上培训，线上不同于线下，那次培训我转变了教学思路，把原本的以讲课为主转变成了互动模式。在最后一个小时中，我把时间留给了员工们，我让大家讲述自己成功的销售经历，同时也给出了几个销售主题，让员工们围绕着去讲一些故事。在那次交流中，一位女销售员的分享给我留下了深刻的印象。

那位女销售员名叫小辛，看上去二十五六岁，一副刚从学校毕业踏入社会的模样。在我给出的销售主题中，她选择了其中一个——销售博弈的过程中，应当如何对待顾客。作为一位刚刚踏入社会的销售人员，小辛没有足够的工作经验。销售是一个靠提成赚取收入的工作岗位，因此订单成为销售人员最重要的工作目标。在多数情况下，新手往往会面临诸多压力，然后陷入一段时间的低谷期。但是小辛却凭借自身的努力和心态，短短两年，便已经积累了稳固的客源。一直以来，订单量较为可观，职位也有了相应的升迁。

小辛讲述了自己的亲身经历，下面我将持续她的口吻，以第一人称的形式进行叙述：

我刚刚进入公司的时候，很多事情都不懂，包括对产品和公司的了解，自己也不太懂得积累资源，培养老顾客。只是尽心尽力的做着自己的事情。

半年之后，我对产品已经有了较为深入的了解，也明确了不同产品的分类和厂家来源。公司有一款养生茶的销路很好，为了更好地开展销售工作，我开始亲自体验公司的这款养生茶。我接连喝了两个多月，发现这款养生茶确实有缓解疲劳、护肤养颜的功效，对这款产品的了解又精进了一分，与顾客交流的时候，也总能够复述出自己的心得和感受。知道我也在服用这款养生茶，顾客显然安心多了，成交的过程也顺利起来。

后来有一位茶商成了我的固定客户，每个月都会批量采购。有一次，又到了茶商采购的日子，然而因为原材料的原因，这款养生茶出现了暂时断货的情况。但公司在生产这款养生茶的同时，也存在其他茶品的生产，其中有一种与这款养生茶很相似的茶品，包括生产厂家、包装都一模一样，唯一不同的是烘培制作工艺。但是我并不清楚二者的具体差异。

因为是老顾客，所以茶商老板会在给我打电话的同时，先行去到仓户取货。我心里很清楚，他若是拿走现有的这批货也没有什么不妥，毕竟价格、包装、生产厂家都是一样的。但是这终究不是他想要的那一批，我还是向他说明了实情。茶商老板也犯了难，因为他也不知道，现在这批茶会与之前的茶有什么样的差异，这是关乎用户体验的大事。茶商老板表示，若是平常情况还好说，但这次有一批货急用，去到别处批发也不会是之前的茶品，既然类似，就先少拿一些应应急。正常情况下，茶商老板会拿几千箱的货，但这一次只拿了那用来应急的八百箱。

我很感谢当初的做法，即便无法达成交易，也要以一颗真诚的心去对待顾客。随后我开始品尝公司的其他茶品，力求自己对所有的产品都大致了解。再一次与茶商老板接洽的时候，我却拿到了不同茶品的多项订单，原来茶商老板正在打算拓展市场，想用一些新产品打开销路。他知道我也在品尝这些茶品，并且表示信得过我，所以就直接在我这里加订单了。

这其实是一则很简单很平常的案例，但却给所有的销售人员都上了意味深长的一堂课。向顾客"说实话"，很多情况下会意味着交易失败，只有让自己的真诚战胜当前的"商机"，才能在其中获得更多的利益。这是一名优秀销售员的基本修养，也是一种以不变应万变的无敌招式。

6. 销售终极境界：把自己变成买方

我们做任何事情都有自己的立场，看任何事情都有自己的眼光。之所以会有分歧出现，不过是所处的位置不同罢了。买卖双方向来被当作对立面看待，二者立场不同，潜意识里就产生了敌对心理，自然就会对成交的过程形成阻碍。要想迅速办成一件事情，最快的方式就是意见统一。顾客不可能站到销售者的立场当中。所以，只有销售人员走出去，把自己变成买方。两个立场相同的人站在一起，自然就有了成交的资本。

绝大多数顾客都是"保守型"的，都不太愿意做第一个吃螃蟹的"试验品"，所以很多时候，都是看到身边人的尝试才展开了购买行为。这也是销售人员希望顾客会把自己的产品推荐给亲朋好友的原因。所以，作为销售人员，我们要尽力为顾客提供"购买案例"。但是对于销售人员提供的案例，顾客的信任度明显不够，因此，我们要把案例真实的摆在顾客眼前，这时候，只有自己可以充当这个角色了。

　　有一次，我去购物商场买鞋，旁边的摊位是女鞋，我一边挑选，一边听着旁边店主热情地招呼客人。不到10分钟的时间，她就成交了一笔，还吸引了众多顾客上门，我有些好奇，假装继续挑选，在摊位上停留了足足20多分钟，发现她的销售方式很特别。

　　摊主是一位30岁出头的大姐，她穿着很大方，脚上穿了一款高帮凉拖，看样子是自己家的凉鞋。顾客上门之后，她先是让顾客随便看看，等到顾客在某处停下来之后，便上前询问需要买什么样的鞋子。有位顾客说想要一双稍微百搭的鞋子，不管是出门还是上班都可以穿的。

　　大姐说道："看您穿的是平底鞋，平常习惯穿高跟鞋吗？"

　　顾客："上班的话会穿，但一天下来脚很痛，腿也很累，出门就不想穿了，可平底鞋却不好搭衣服。"

　　大姐："您上班要求穿工装吗？"

　　顾客："那倒没有，服装倒是没有规定，稍微正式一些就好。"

　　大姐："那您看我穿的这双鞋怎么样？"

　　顾客看了看大姐脚上的高帮凉拖："这双鞋？"

　　大姐："您刚才说想要一双比较百搭的鞋子，我感觉这种高帮凉拖倒是很好搭衣服，裤子、裙子、休闲装都可以，上班穿着有气质。虽然是高帮，但却是平跟，外出走路又不累，一天下来脚也舒服。

像我每天在这里出摊，站的总比坐的少，取货、配货也要来回走路，因为是工作，穿平底鞋有些不合适，高跟鞋就太累。于是就想着找个舒适大气的鞋子，差不多也是您的想法。这款凉拖倒是比较合适，就直接拿来穿了。"

顾客听完她的话，也试了几款颜色，选好了尺码，爽快地达成了交易。这时候我也买好了皮鞋，看到她忙完了一阵，就径直来到了她的店里。表示很欣赏她的销售方法，想向她请教一下，这位大姐是一位爽快人，看到眼下没有顾客，也就与我聊起了天。

大姐："其实也没什么门道，我虽然卖鞋，但与顾客一样也需要穿鞋。因为有资源，索性一年四季的鞋就在自己店里选。在配衣服、换季节的时候，通过一些搭配倒也加深了对鞋子的了解。顾客来买鞋的时候，我根据她的需要，同比在我自己身上，假设我自己也需要买鞋，然后帮助顾客选择出合适的鞋子。实际上就是一个卖家与买家的转换。"

听了她的话，我大有感触，"卖家与买家的转换"，这其实就是一个立场的换位，我们常说换位思考，站在对方的位置上思考问题，才能加快解决问题的脚步。

销售博弈总会让我联想起中国的围棋，与国外的桥牌不同，围棋的战场上并非只有输和赢，更难得的是，围棋的结局还有"和"。这也是围棋博大精深的精髓所在。销售也是一样，销售活动的结果并非只有成交与否，销售的终极境界是把卖家"和"到买家的身上，与买家站在同一战线，进而促成交易达成。

7. "假想敌"的剧本加工

当我们疲于做一件事的时候，监督和督促往往起不了多大作用，但如果我们面前出现了对手，往往就会激发自身的动力。这是一种源于对手的危机感，也是销售人员能够好好利用的因素。

就顾客本身而言，购物的过程往往会多次思考"我到底该不该购买"的问题，要想达成交易，销售人员需要一股助推力量。销售领域把这种存有危机意识的对手称作"假想敌"，意为销售人员为顾客设定一个假想敌，假想敌购买了这款产品，于是便形成了一种顾客没有的优势，而顾客则会因此陷入困局。为了摆脱"困局"，唯一的办法就是购买产品。

2015年9月，我在甘肃一家煤矿光缆企业做培训，说到假想敌的问题曾举过这样一则案例：

假设两家企业正在进行企业谈判，我给两家企业假设出名称和业务内容，分别为煤矿光缆公司光远集团和汽车制造公司途菱集团。

　　商务谈判进行到了后期环节，但两家企业仍有一些条件无法达成一致。光远集团总经理袁总说："杨总，既然我们的谈判已经到了这个环节，是不是可以考虑签合同了？"

　　"袁总，我们的商务谈判一直以来比较顺利。然而公司内部的价格标准、支付方式和运输条件等标准尚未正式确定。光远不肯下调最终交易价格，是途菱没有预想到的。所以这合同暂时还无法签订。"

　　"可是杨总，途菱给出的价格足足低了光远报价的0.5%，这是光远无法接受的价格范围。"

　　僵持一番之后，已经临近中午，双方提出先一起吃饭，下午再具体商议。今天这场谈判开始的时间是上午九点钟，在之前的商务谈判中，光远集团都会提前半小时来到谈判场地，然而此次直到8:55分，光远集团的袁总才匆匆来到现场。在进入一楼大厅之后，袁总似乎想起了什么，急忙把手中的文件抽出一部分，给了身边的助理，让他放回车上。这一幕被监控摄像头记录下来，传到了杨总的耳朵里。杨总虽然不知道具体情况，但也感觉此次谈判非比寻常。利用饭后休息时间，途菱与光远的司机闲聊起来，并且得知袁总此次是从兰州赶来，因为一些事情差点耽搁了时间。这些信息也掌握在了杨总手里。下午两点，谈判再次开始。话题仍然是上午没有确定下来的争论，光远没有过多争辩什么，而是向途菱做了一番假设。

　　"杨总，现如今你我两家公司的业务竞争压力都比较大，眼下风季就要来临，各种新能源发电方式相继投入生产。倘若我们能够达成合作，便可以在即将发生变化的市场中占得一席之地。如若不然，这片市场便是竞争对手的天下了。光远的订单量正在逐渐增加，随时都有可能出现断货缺货的情况，所以其他客户都加快了活动脚步。"

听完这段话，杨总突然联想到今天光远的行为，难道从兰州赶来差点迟到，是因为在和其他企业洽谈项目？看来光远的第二次报价已经是其能接受的最低程度，如果再度压价，很有可能导致谈判失败。随后两家企业顺利签订了合同。

所谓的从兰州赶来、差点迟到，以及对其他条件只字不提，或许只是凑巧，难以列到假想敌的范围之中。但最后的那番假设绝对是一个警钟，再加上杨总臆想出来的前期铺垫，就真的形成了一个假想敌的危机意识。在这种意识的驱使下，交易顺利达成了。

或许你会觉得这个过程过于复杂和巧合，但在最平常的销售活动中，销售人员同样可以为顾客设置假想敌。举例来看，一位售卖防晒霜的销售员可以这样对顾客说："这位女士，俗话说四月不防晒，五月晒成碳。现在所有的女性都在预防性的防晒，若真等到穿夏装的时候才想起防晒，往往发现原来自己已经被是被晒黑了一些，这不就相当于在起跑线上就输给了别人吗？试想一下，到海边去度假，看到别人肆无忌惮的在海浪中游玩，自己却只能躲在海滩伞之下，那种感觉真的很不好。"

8. 哪壶"热闹"提哪壶

做生意是一个买卖双方参与的双向过程，从"货比三家"的规律中，可以得出合作的对象是可以选择的。站在企业的角度，招标便是同样的道理。那么，作为销售人员，应当如何选择合作对象呢？

也许有人会问，既然是讲销售技巧，不是应该拿下所有的客户吗？为何还要"挑三拣四"？在这里，我要说的是，销售活动并不是一个简单的过程，我们并非与所有的顾客都能达成交易，选择成交率高的顾客，不仅能够提高销售活动的效率，节省大量的时间和精力。并且，这还是检测一位销售人员是否存在"成交嗅觉"的标准。

我们有句俗语叫做"哪壶不开提哪壶"，在营销领域，竞争压力随处可见，压力越大，留给客户考虑的空间就越小，而给销售人员带来的机会就越大。所以，在合作对象的选择上，销售人员要瞄准那些竞争对手多的客户，这一类客户的成交率是最大的，是最值得经营的。我把这项技巧叫做"哪壶'热闹'提哪壶"。

　　还是那次在甘肃煤矿光缆企业的培训现场，有一位销售主管提了一个问题，大致的表述为：一般情况下，很多公司总是会为稀有订单量而烦心，没有业务就代表没有收益。但没有订单量令人烦闷，而众多合作商找上门也是件难以抉择的事情。到底应该怎样选择合作商家呢？

　　想要增加订单量的问题屡见不鲜，这种类似如何"招标"的问题明显要少很多。虽然我们总是千方百计的想要增加订单量，但是对合作商的选择还是很慎重的。一般情况下，企业招标都会给出相应的招标条件，能来竞标的企业势必都是满足条件的。也就是说，其所具备的"硬件"、"软件"差异不大，这也就在一定程度上增加了选择的难度。

　　这时候，市场调查的作用就会凸显出来，通过一定的调查研究，我们可以大致得出各个竞标企业的市场情况，分析每个企业的发展前景与合作价值。最重要的一点，就是分析竞标企业的市场竞争情况，然后选择竞争压力较大的目标，这在一定程度上能够提高交易的成功率。

　　其实，这是一个很简单的道理。因为对方有很大的压力，急需合作以周转企业运营，倘若有机会竞标成功，一定会极力促成交易。所以销售人员在商务谈判的过程中，既能够掌握一定的主动权，把局势保持在对自己有利的一方，又能够顺利的达成交易。可谓是一个稳赢不输的赚钱买卖。

客户关系

——让生意经绵延不绝的复盘思维

客户关系是企业从不敢懈怠的管理项目，这事关整体的经营目标。所谓的客户关系并不仅仅是单纯的交易关系，也可以是和客户保持通信关系，还有可能是满足双方利益而形成的联盟关系。

客户关系管理（CRM）是一项集成和协调活动，作用于供应链当中，包含客户服务、销售及市场资料收集等项目内容。

在传统的供应链管理中，系统内容往往只停留在基本运作上，最为重要的客户需求却时常被忽视。销售和客户服务作为收集客户信息的一线职能，能否做到有效衔接，直接关系到客户满意度的形成。

互联网的发展使客户关系管理增加了线上形式，信息流通更为顺畅，传统的销售自动化和客户支持正在被互联网新手段逐步取缔。策略的主要项目演变为在线销售自动化、在线客服服务和支持、市场资料收集，以及销售管理。

如今的客户管理战略已深入各个企业内部，一定程度上提高了客户关系的价值，为企业的高收益提供了有利的管理策略。

1. CRM：成就滚雪球般的订单

提到客户关系，我们很容易想到共赢，这是客户关系的特征之一。除此之外，其也存在竞争性、多样性、持续性以及差异性的特征。处理好客户关系不仅能够顺利达成交易，也能够增进企业双方信息的互通往来，为更加深入的合作奠定基础。

CRM即客户关系管理，其与客户关系息息相关。

随着互联网的大范围渗透，网络营销顺势发展起来，并逐渐呈现出多元化的特征，营销的多样化引发了客户关系的复杂化，同样把客户关系引向了信息化和科学化。

网络营销在繁荣的同时，也促成了理论的变革。与传统营销方式相比，网络营销为交易活动提供了信息沟通的便捷力量。但与此同时，却也面临着诸多挑战——产品同质化越发严重，企业竞争压力不断增大，客户可选择的空间也在迅速扩张。于是，网络营销也开始把目光落在了客户关系营销上。

客户关系营销的概念是网络营销赋予的，伴随着云计算的全球化发展，传统CRM已经被Web CRM（也可称在线CRM）超越了。

客户关系管理是建立在企业价值观基础上的管理机制。采用技术手段连接起客户与企业，以促进双方沟通交流。

在我看来，客户关系管理主要存在以下几点重要性：

（1）控本增效，提高企业经营水平

客户关系管理能够对客户的信息资源进行全面整合，并提供给企业内部所有部门进行信息资源共享。介于此，为客户提供全面而周到的优质服务。

不同客户的价值是不同的，二八法则表示，企业80%的利润来源于20%的顾客。客户关系管理能够把客户的价值进行量化评估，帮助企业寻找价值客户，提高企业经营水平。

（2）稳固客户，挖掘其潜在价值

大多数企业都存在客户流失的问题，很大程度上，这都源于企业对客户的关怀和重视程度不够。

客户关系管理能够有效维护企业与客户的关系，并能挖掘客户身后的潜在价值，提升客户满意度和忠诚度，促成再次合作的良性循环。

处理好客户关系管理，无论是把握客户心理，还是实际经营业务都能得到有效的保障，也能够达到稳定老顾客，吸引新顾客的效果，从而促进业务水平稳增不降。

$2.$ 交易的目的不是订单，而是共赢

销售人员追求订单，这无可厚非。但是我们仍旧倡导"钱非万能"的价值观，也就是说对于销售人员而言，交易活动的目的也并不仅局限于订单。

我在线上设置了专门的培训课程，很多企业人士都加入了这个论坛，大家没事在论坛上发一些问题，分享一些销售故事和经验，我也偶尔做一些解答和互动。在一次互动过程中，有一位成员提出了"回头客"的话题，大家在线上讨论了很长时间。

我建议此次大家让自己换一个角色，不作为销售方，而是以一个买家的身份，讲述自己作为消费者的有关经历，分享身边有哪些深藏不露的"销售大师"。

这个设定一出，激起了大家的活跃性，很多大大小小的故事经历便在论坛留言区生成了，其中有一个小故事令我感触很深。

我先称这个故事的主人公为小安，小安是超市里的水果导购员，因为是男孩子，所以主要做水果搬运的工作，时常往返于展

位和仓库之间，因此，下班时间要比一般的导购早一些。每天七点左右下班后，小安在附近的步行街吃过晚饭，有时会顺道前往一家购物广场购物，换季的时候，时常在这里买衣服。

有一次，小安在一家男装店买了一件衬衫，店主是一位大姐，为人很和善，服务也很周到。后来小安去购物广场的时候，也会偶尔遇见这位店主，大姐总是很热情地打招呼，尽管小安手里的衣服不是从她店里买的。

后来，小安在商场里远远看到了那位大姐门口展区的衣服，是一件应季的风衣，小安正想要买一件，于是径直走进了店里。当他说明来意的时候，没想到这位大姐说道："你来的说巧也不巧，这件风衣是新品，为了明天店庆准备的，店庆会办三天，这期间店里大部分衣服都打折，这件风衣明天打八五折，比今天便宜不少。我看你经常在商场里逛，想必离家不远，要不你明天过来吧，你先试个尺码，我给你留着货。"

小安听了有些惊奇，作为一名销售员，他很清楚"速成交易"的重要性，怎么会有劝顾客"明日再来"的行为呢？虽然如此，此时小安的身份是买家，基于消费者的心理，他还是愉快的答应了，并说明自己明天还是这个时点过来。

所谓好事多磨，第二天下午，超市里的水果突然断货了，小安与同事们只能急忙补货，并布置明天一天的摆货。不得已拖了一会儿班，等走出商场时，已经快九点了。原本七点多下班，吃完饭到购物广场也就八点左右，可是现在已经晚了近一个小时了。明明是一位顾客，可小安总觉得自己与店主有言在先，如此爽约实在过意不去，他担心店主会认为自己不讲信用（以他的经验来看，顾客说"明天再来"的，几乎没有人回来过），想到这里，小安连饭都没来得及吃，就直奔商场而去。

到了之后，小安喘了几口气，还没来得及说话，大姐开口道："这是有事耽误了吧，看你跑的挺着急的，不过还好，刚刚忙完，你的衣服我给你留出来了，今天上的都卖完了呢。"

小安听了不知道该说什么，只能赔笑着说："是啊，加了会儿班。"

过了几天，小安又到店里拿了两条裤子，自此之后，小安成了这家店的熟客。一年四季的衣服，都是这里购买。

故事讲到这里，相信很多人都会产生一些想法。虽然我为本文起的题目是"交易的目的不是订单，而是共赢"，但是我们发现，店主仍旧获得了订单，而且不止一个订单。单独的力量总是弱小的，一方获利的关系也并不长久，只有互利共赢，与顾客站在同一战线，实现关系上的共赢，才能获得长足的发展。

3. 如何让客户"深刻"地记住你

我们每天都会遇见形形色色的人，有的人转眼也就不记得了，能够给人留下深刻印象的人，一定存在某种特别的地方。销售是一个有些依靠"脸熟"来维持的工作。每种业务类型的企业都存在竞争对手，争取客源成为企业维持业务量的一项重点，而在产品同质化泛滥的今天，如何才能吸引顾客的眼球，牢牢地抓住客源呢？在我看来，销售人员以及企业都需要尽力给客户留下深刻的印象。

我有一位在私企上班的朋友，因为其工作范围在华南，所以经常在总部去往华南分部出差，那次我刚好在华南做培训课程，便约他一起吃饭叙旧。席间我问他出差住哪个酒店，他说A酒店。但是A酒店离市区、机场、火车站都有些远，我问他为何不选择其他便捷一些的酒店。他表示自己已经是A酒店的常客了，住得舒服。我问朋友具体原因，了解到这竟然源于一次"糟糕透了"的住宿体验。

2013年，朋友刚刚升任为华南区销售总监，因为业务结交，所以就近入住了A酒店。用他自己的话说，这原本只是一次偶然，却没想到会如此糟糕透顶。

因为工作原因，朋友素来存在熬夜不吃早饭的习惯，到了10点钟之后，感觉肚子饿了，就来到餐厅吃午饭，可是这时候酒店的早饭已经撤了，午饭还没开始，双方都陷入了较为尴尬的境地。朋友窝了一肚子火，跑到外面吃了点东西，然后去分厂，下午见客户。晚上回到酒店，却发现桌上的纸杯没有了，应该是工作人员进来打扫过房间了，这原本再正常不过，可是那杯水里有朋友的隐形眼镜！工作人员就这样在不知情的情况下将其倒掉了！"新仇旧恨"加在一起，朋友大发雷霆，知道情况的工作人员连忙赔礼道歉，并且急忙给朋友新配了一副眼镜。虽然如此，但朋友还是叹了一口气，感叹真是糟糕的一天。

然而到了晚饭时间，酒店却为朋友送来了一个隐形眼镜形状的蛋糕，这蛋糕把朋友逗笑了，似乎也扫去了这一天的阴霾。第二天早晨，朋友还是一如既往的10点钟出门，而当他准备出去吃饭时，却看到了门上有一张小纸条，上写：先生，您需要的午饭在餐厅保温箱里。原来，酒店人员通过昨天早晨的尴尬事件，为朋友预留了一份早餐。

之后，这次酒店经历给朋友留下了深刻的印象，虽然前一天比较糟糕，但后来的服务却很周全，这让朋友感到很舒服。下一次出差，朋友仍然选择了这家酒店，当他进入酒店大厅之后，一名工作人员立刻认出了他："先生，欢迎再次光临！"在递给朋友房卡的同时，还递上了一些即时贴，上面标着"隐形眼镜"、"凉开水"、"没吃完"等字样。朋友哈哈大笑，也认出了这名工作人员，正是那名倒掉自己隐形眼镜的服务员。因此，朋友成为A酒店的常客。

朋友在跟我说这些经历的时候，我感觉有趣极了，这似乎是一出反转节目，虽然波折，倒是令人印象深刻。

其实，朋友之所以会对酒店产生深刻的印象，与酒店的服务是分不开的，用心服务顾客，把服务别出心裁的表现出来，顾客终能看到你的与众不同。

4. 今天，你记住了几个客户名字

记住客户的名字能有多大用处？

很多人称自己是"脸盲"，自嘲之外又有些无奈的意味。我想说的是，作为一位销售人员，脸盲之症是一定要"治好"的。因为这不仅是一项能力的提升，更是一种对他人的尊重。

2010年之前，我经常跟着销售主管跑业务，也跟随主管参加了各种聚会和饭局。其中有一次与销售并无多大关联，却给我留下了深刻的印象。

那是一家企业举办的慈善活动，邀请了众多不同业务类型的企业参加。我们也在受邀之列，接待者是该企业的副董事长。宴席之上，副董事长全程陪同。因为参与慈善活动的包括各种企业单位，与会人员的身份也各不相同。酒过三巡，副董事长开始挨个敬酒，敬酒的同时也会有一段特别的说辞。这倒没什么可惊奇的，但令我惊讶的是，他把所有人的名字都记住了，准确的说，是连姓名带身份。因为他在敬酒之前，往往会说"王总"、"徐

总监"、"林老师"……他把每个人的姓氏和身份都记得清清楚楚，尽管已经喝了不少酒，但也没有出过差错。

这场酒宴过后，慈善活动非常顺利的展开了，很多与该企业存在业务联系的公司都开始与其进行频繁的贸易往来，该企业的经营业绩也蒸蒸日上。

或许以一个旁观者的角度来说，企业如今的成就与副董事长的表现似乎没有多大关系，但是人与人交往，总是要看印象的。我之前就说过，第一印象是促成交易的关键一步。与他人交流，我们首先应该明确的就是应该如何称呼对方，这是最基本的礼貌问题。

如果你今天能够记住客户的名字，到了第二天或是之后某一天偶遇的时候，能够准确的称呼出来，相信客户一定会大吃一惊，因为这不是刻意安排的见面。而这个时候，客户就会对你产生好感和兴趣，把自己推销出去了，离推销出产品也就不远了。

5. 商界要领：不要刻意经营客户关系

人际关系讲究的是人与人之间的相处。古语有言：君子之交淡如水。意为真正的朋友虽然来往并不密切，但需要的时候定会前来相助，即便一方富贵，另一方也不会攀缘。距离往往能够产生美，为各自留有空间，相聚之时才更显珍贵。与周围人都是淡交，才能与更多人相交，人缘好的人，往往和谁都能说上话，刻意经营所得来的"关系"往往存在诸多"禁锢"，甚至会令人敬而远之。

有一次我前往成都做培训，有一位在成都工作的朋友大半夜给我打电话，说最近丢了一笔大订单，心情不好，想在我这取取经。我们约好了相见的时间和地点，他向我分享了整个事情的经过：

2011年，朋友接了一笔订单，得知客户有长期合作的意向，朋友为了稳固这位客户，非常努力的去经营客户关系。朋友与对方的项目负责人关系比较紧密，经常开展私人名义上的饭局和聚会，俨然是一副工作之外好朋友的关系。每当公司需要类似的业务客户时，朋友总是极力推荐这个客户，双方也开展过一定程度上的合作。

后来公司进行了一次订单量很大的招标活动，朋友对这位老顾客竞标成功非常有信心。但令他没有想到的是，公司却选择了另外一家客户。

朋友很不解，便去向上级请教原因。老板最初的回答是企业业务需要注入新的血液，朋友辩解道，该家客户的业务也在进行创新和翻新，老板叹了一声说道："站在企业的角度来说，与客户的关系还是不要那么刻意的好。"朋友不明白，企业难道不应该好好经营客户关系吗？虽然如此，但他还是退了出去。于是便有了我在开头所说的那一幕。

朋友不明白问题到底出在哪儿，希望我能够给他分析分析。我说原因的话，你的老板已经说的很明白了，在处理客户关系的问题上，你表现的过于刻意了。

我让他分别回忆与客户关系密切之后的三个变化，分别是企业对自己的态度，自己对业务的态度。以及客户对合作的态度。根据他的答复，我整理出了问题的原因：

第一，是企业对自己的态度

在这之前，企业一直很器重朋友的能力，后来每当遇到类似的业务，朋友都会极力推荐该客户，这引起了企业的反感。在与其他客户合作的同时，与该家客户的合作订单量往往很小。

在我看来，企业不单单是反感，甚至还产生了朋友会在与该客户合作中抽取利润的怀疑。

第二，是自己对待业务的态度

自从有了这家老顾客，为了维护客户关系，朋友几乎不再去开发新的客户，一门心思全压在了这个客户身上。

倘若朋友没有经营的如此刻意，并且同时开拓一些客源，那么在竞标活动上便会存在多个客户选择，也不至于丢了所有提成。

第三，是顾客对合作的态度

其实不仅是自己的企业与该客户合作的订单量在逐渐减少，该客户从此之后也没有更大的订单与企业合作。虽然私下里与朋友的关系很好，但却没有把合作关系进一步发展的表示。

这是一个非常正常的现象。一旦买家与卖家建立起非常密切的关系，一些谈判条件就会变得模糊起来。举个最简单的例子，如果你经常去一家店里买东西，并且与店主的关系很好，无论店主给你拿什么样的产品，你就会立马接受。你会发现时间长了，也就不好意思询价、压价了。或许客户并不想与朋友保持如此密切的关系。

这样一番分析下来，朋友似乎恍然大悟。关系越近，空间越小。就越不好意思说拒绝的话，只会给彼此带来禁锢和尴尬。普通朋友之间也就罢了，毕竟是真的友情维系，然而在商海当中，所谓的客户关系，不过是利益相连罢了。这不是一般的"关系相近"就可以维系好的，有些时候反而会适得其反。所以，作为销售人员，请不要去刻意经营客户关系。

6. 顾客无理取闹，你要如何应对？

　　我们强调客户关系的重要性，但这就像人际关系的管理，是一个双向的过程，"一厢情愿"总是得不到预期效果。作为商家，作为销售人员，我们总是极力想要处理好客户关系，倘若客户不配合，甚至采取敌视、诋毁的态度，届时，又将如何应对呢？

　　相信我们都有想过，甚至遇到过一些"无理取闹"的顾客，针对这类顾客，客户关系的处理方式就直截了当多了。上节中，我讲过一个电话投诉的案例，还是这家公司，有一次一位顾客找上了门。来者是三个人，两男一女，我清楚地看到那位妇女的的手上起满了红疹，另外一人手上还拿着我们公司的清洗剂，他们情绪非常激动，大有砸店的冲动。在我们几个店员与他们对峙的时候，隐隐约约听到他们此来的原因：大概是说我们的清洗剂存在质量问题，使得妇女手上起满红疹，要来店里讨一个说法。

　　我很清楚，虽然这种清洗剂的用处是清除污渍，但绝不会刺激皮肤，甚至溅在手上、脸上都不会有反应，那妇女手上的红疹绝不是清洗剂所造成的。他们的情绪一直很激动，我们根本劝不下来，只能极力的向他们解释，清洗剂不会含有刺激物质，也不会引起这样的红疹。但是他们一直不依不饶，还甩过来一张发票，意在让我们赔款，支付医疗费用。

我看了看那张发票的时间，购买日期显示是在一个多月前，这样的"闹事"显然是不怀好意。正当我们手足无措时，销售主管赶来了，迅速了解了大致情况之后，对那几位顾客说："这位大姐，不管是什么原因，治疗手上的红疹才是最主要的事情，这样吧，我们先带您去皮肤医院检查一下，公司与生物质检部门有合作，先把您拿来的这瓶清洗剂拿过去化验，然后再拿一瓶原装的，对比一下其中的物质。"

听到主管如此说，那三位顾客的情绪才慢慢缓和下来，但听到要去医院检查，又显得有些犹豫。后来检查和化验的结果都出来了，这些红疹果然不是清洗剂导致的。但是公司还是承担了全部的化验和检查费用。

其实那三位顾客也心知肚明，一个月之前的产品，现在才出现问题，原本就漏洞百出。这不过是为了占些便宜，而进行恶意诋毁罢了。我有些气不过，便向主管抱怨，为何要如此吃亏？

而主管表示，面对如此无理取闹的顾客，之前我们几位员工劝解的方式是完全不奏效的，想要息事宁人，只能顺着他们的想法尽快解决问题。这也是维护公司名誉，缓解双方纠纷最为有效的方法。站在买卖双方来说，一旦起了纠纷，向来是卖方处于不利地位。与其纠缠下去，两败俱伤，明智的做法是尽快甩掉这麻烦的包袱。

当然，倘若结果已经出来了，顾客对此还不依不饶，那我们就只能通过证据，走法律程序。

无理取闹的顾客往往是最消磨时间，最令销售人员烦恼的顾客，所以我们不应该在此类顾客身上耗费时间，不理睬和以最快的速度解决才是正确的处理方式。

7. 订单源源不断的动力：把客户做"老"

在销售领域，我们常说开发一个新客户的成本要远远大于维护一个老顾客。有了这样的利益得失，企业都会尽力留住老顾客。当然，企业也不能把所有的重心都放在老顾客的身上，而忽视新客户的开发。毕竟，老顾客也是从新顾客而来的，企业总是需要客户的。因此，在我看来，在维系老顾客的基础上去开发新客户，才是企业最科学的发展之路。

关于留住老客户的重要性我们都清楚，关键是如何留，如何把客户做"老"。2015年，上海有一家知名服装城请我做培训，参与培训的人员大多是一线销售人员，其中有一位专门跑大单业务的区域经理询问应该如何更好的维系老顾客。我问了他的职位，然后说道："你既然是区域经理，肯定有机会与生产部门接洽，并且随时都可以面见上级，只要你经常往这两处走走，留住老顾客就不是什么难事。"他请我详细解说一番，我便举了一个例子：

既然贵企业是做服装的，那我就以服装为例，列举以下几点方式方法：

（1）有计划的创新

"创新"一词司空见惯，每个企业都明白创新对于企业成长的重要性，但并不是所有的创新都取得有效的成果。我们经常会讲"商机"，创新也是需要时机和机遇的，特别是用来维系老客户。

倘若企业刚刚成交了一笔订单，并且希望把对方变成自己的老客户，那么在商务谈判结束前，只要留下一句：等到公司出新品的时候，会第一时间通知您，您有兴趣的话可以再来看看。

很多销售员表示："我们也经常对顾客说这些，可是也没什么作用，顾客一般都不会来。"我想说的是，你所说的"新品"来的或许不是时候，也许你出新品的时候，顾客早就选用了其他，进而不再需要你的。也或许你的新品来得太早，顾客暂时不需要，而等到需要了，所谓的新品却已经不再新鲜了。这无非就是创新早晚的问题。

到底什么时候创新才是最佳时机呢？这个界点要着落在客户身上。每个企业都有各自的经营渠道，作为服装企业的客户，不是经销商，就是商场店铺，他们分别存在自己的目标人群和经营渠道。他们的目的就是要把能为自己带来利润的产品送到消费者手上。产品都是有生命周期的，所以才会有创新的存在。消费者会向经销商和商场店铺"索要"创新产品，这也就是服装企业订单所在。然而，市场上的服装企业数不胜数，经销商又凭什么会在我的企业下订单？想要抓住订单，抓住经销商，有一个诀窍，即摸清经销商的销售渠道和销售终端。

充分了解客户的经营渠道，经营数量以及经营周期。说的简单一些，就是企业要在经销商需要填补库存的时候，正好生产出新品。比如经销商今天的库存可以卖到明天，那他在昨天就需要补货。而昨天便是企业联系经销商出新品的最佳时间。

（2）建立周期合作

服装是应季类产品，一年里的春夏秋冬四个季度，正好是服装换季的分界点。发出合作要约的时间要提前三个月，也就是要提前一个季度为接下来的订单做打算。可以向经销商表明，每个季度的服装都有一定的联系性，可以激发消费者的"套装"兴趣，同时联系起经销商一年四季的订单，形成一股捆绑式销售的方式。

这样的客户关系既能够在合作的基础上保持联系，又不至于显得过于频繁，从而成功在客户面前不断刷新"存在感"，客户一想到合作，自然也就会想起你，订单也就会持续不断地出现。

有研究指出，开发一位新客户需要的费用主要包括推销费和广告费，这还不算样品提供、退货、换货的成本。中国服装网内容部的数据显示，如果我们留住一位老客户需要130元人民币，那么吸引一位新客户走进店铺的成本却要花800元。

没有老客户，企业就需要不断开发新客户，所以，客户流失需要付出极大的代价，这对企业来说是一笔巨大的损失。新老客户作用在客户关系上，将是一门经营学问。

8. 最妙的成交秘诀：做人情的"债权人"

我们常说：世间最难偿还的债务便是人情债。作为人情债的"债务人"，总是会想尽一切办法偿还这份人情。倘若我们给客户关系也覆上一层"人情债"，并且担当"债权人"，那么作为"债务人"的客户对于我们的合作活动，一定是会欣然接受的。

我在一次企业培训中，发表过这样的观点，其中有一位销售人员问了这样一个问题："老师，您所说的'人情债'，把寻求帮助的主动权交给了客户，而我们要怎么才能成为'债权人'呢？"我给他举了一个例子：

假设有一位老板在国庆小长假带着妻子前往三亚度假，但是由于种种原因，使得预定好的酒店房间失效了。如今老板和妻子身在三亚，近处的酒店全部住满了，其他地方又离景区非常远，这一定是一个令人焦急的情景。

而正当这位老板打算订远处酒店的时候，却接到了一个电话，对方自称是他商业上的合作伙伴，因为听说老板要在国庆携家人去往三亚旅游，所以在自己的酒店里给他预留了酒店房间，特来询问老板需不需要，并且酒店就在景区旁边，这时候，老板感到非常感激和惊喜。

原来，这位合作伙伴是一位酒店经理，去年年底，这位老板组织企业员工旅游，当初就住在了酒店经理的酒店里，在一番闲聊过程中，酒店经理得知老板第二年国庆的行程，因为公司在三亚也有连锁酒店，考虑到小长假出游的人特别多，所以同三亚酒店打了一声招呼，为老板留出了一个房间。

其实每个人都明白假期出游需要提早订酒店，酒店经理的做法显然有些多余，想必他也做好了老板已经订好酒店而回绝的准备。但是，这种突发状况却真的使自己的工作"派上了用场"。老板明白酒店经理没有义务为自己预留酒店，况且已经时隔近一年，自己似乎都已经忘了去年公司旅游的事情了，但对于酒店老板这种雪中送炭的帮助，老板感怀在心。此次帮忙与业务合作无关，倒可以归结到"人情债"的层面。国庆过后，今年的公司旅游便开始着手准备了，老板毫不犹豫地选择了同一家酒店，酒店经理也由此收获了一个老客户。

客户关系的经营过程并没有过于浓厚的商业性，与人际关系一样，这层关系需要情感的维系。人与人之间感情都是相互的，想要保持一定的合作关系，交易之外的"人情"，是一项良好的突破口。